05 **수학 교사를 위한 지침서**

대한수학교육학회 번역시리즈

Developing Essential Understanding of

Functions

for Teaching Mathematics

함수의 필수 이해

조완영 · 권나영 · 이동훈 옮김

idea

NCTM | NATIONAL COUNCIL OF TEACHERS OF MATHEMATICS

KYOWOO

Developing essential understanding of
functions
for teaching mathematics in grades 9-12
(ISBN 978-0873536233)]

This Korean edition was published by KyoWooSa Publishing Company in 2017 by arrangement with National Council of Teachers of Mathematics through KCC(Korea Copyright Center Inc.), Seoul.

이 책은 (주)한국저작권센터(KCC)를 통한 저작권자와의 독점계약으로
(주)교우에서 출간되었습니다.

역자 서문

수학을 왜 가르치고 배워야 하는가에 대한 답변은 시대의 변화에 따라 달라질 것이다. 세계는 지식기반정보화 사회, 즉 3차 산업혁명 시대를 넘어 기계와 제품의 지능화와 사물 인터넷으로 요약할 수 있는 4차 산업혁명 시대에 접어들었다. 이러한 변화 속에서 수학교육은 어떤 모습이어야 하는가에 대한 고민이 필요하다.

이 책은 대한수학교육학회의 주관 하에 NCTM의 필수 이해 시리즈(Essential Understanding Series)를 번역한 것 중 한 권으로, 위의 문제에 대한 직접적인 답을 주지는 못하지만 우리나라의 수학교육을 반성하고 발전 방향을 모색하는데 시사점을 제공할 수 있을 것이다. 최근 세계적으로 수학 수업을 실행하는 주체이자 교수·학습 활동의 전문가인 교사의 역할을 더욱 강조하고 있다. 이에 따라 교사 전문성을 개발하기 위한 여러 방면의 연구가 진행 중이다. 필수 이해 시리즈는 수학 수업의 주체인 교사가 학생들을 지도할 때 참고할 수 있는 특정 수학 주제에 대한 자료이다.

이 책은 필수 이해 시리즈 중 미국의 고등학교 함수에 관한 것으로 학생들의 함수 개념에 대한 필수 이해를 다루고 있다. 고등학교에서 함수 학습은 양적 사고와 여러 가지 양 사이의 관계와 연관되는 내용으로 이전 학년까지 학습한 일차나 이차 함수의 내용으로부터 함수를 확장하고 실생활 현상에서 나타날 수 있는 현상들을 함수로 표현할 수 있도록 한다. 함수는 자연이나 사회 현상을 수학적으로 표현하는 유용한 도구라는 점에서 중요한 기초 개념이고 고등학교에서는 주어진 여러 상황을 해석하여 양적으로 수치화하거나 양 사이의 관계를 찾아 대수식, 그래프, 표 등 다양하게 수학적으로 표현할 수 있도록 해야 한다.

함수를 지도하기 위해서는 다음과 같은 사항들을 고려해

야 한다. 첫째, 용어 지도에 관심을 기울여야 한다. 고등학교 수준에서는 함수를 다루면서 정확한 용어와 정의를 사용하도록 지도해야 한다. 이것은 이후 고등 수학을 하는 기초 경험이 된다. 둘째, 함수로 해석될 수 있는 주어진 상황을 식, 그래프, 표 등의 다양한 수학적 표현으로 변환할 수 있도록 지도해야 한다. 어떤 경우에 특정 표현이 더 유용할 수 있음을 학생들이 인지하고 각 표현의 장단점을 알도록 지도해야 하는 것이다.

이 책은 함수에 대한 핵심 아이디어와 필수 이해를 다루기 위해 도입부에 이어 총 3개의 장으로 구성되어 있다. 1장은 함수에 관한 5 가지 핵심 아이디어와 이에 따른 필수 이해를 설명한다. 각각의 내용은 함수를 가르치기 위해 교사가 생각해 보아야 할 생각해보기 문제를 제시하여 함수에 대한 이해를 보완하고 강화시킬 수 있도록 하고 있다. 2장은 1장에서 설명하는 내용에 기초해 학생들이 고등학교 이전 학년이나 이후에 겪게 될 수학과 어떻게 연결되는지 이해할 수 있는 기회를 제공한다. 마지막으로 3장은 함수와 관련된 교수, 학습 및 평가에 대해 제시한다. 앞 장에서 제시한 내용에 중심을 두고 함수와 관련된 과제를 만들고 평가하는 노력은 학생들이 의미있는 함수 학습을 하도록 도울 것이다.

역자들은 이 책의 내용을 원문의 의미 그대로 전달하고자 노력하였다. 이 책에 담긴 필수 이해와 그에 따른 다양한 예시들을 통해 고등학생의 함수 지도를 충실히 할 수 있도록 교사들의 전문성 신장 노력에 도움이 되기를 기대한다. 또한 학교 수학에서 다루어야 할 것이 무엇인가에 대한 여러분의 고민을 해결하는데 작은 도움이 되기를 희망한다. 이 책의 출판을 위해 노력해주신 교우사의 관계자 여러분께 깊은 감사의 뜻을 전하는 바이다.

2016. 11.

역자 일동

- 차례 -

서문

유아·유치원(prekindergarten)부터 12학년까지의 수학을 가르치기 위해서는 수학에 대한 특별한 이해가 필요합니다. 유능한 수학 교사들은 설명법을 찾고, 수학 안과 밖의 주제들 간의 내용을 접목시키면서 자신들이 가르쳐야 하는 내용 자체뿐만 아니라 그 이상을 생각합니다. 가르치는 주제에 대하여 학생들에게 어떤 수학이 중요한지 아는 교사들을 만날 때, 학생들은 교육과정과 학업 성취에 대한 기대치를 더 잘 충족할 수 있게 됩니다.

미국수학교사협의회(NCTM)가 출간한 「필수 이해 시리즈(Essential Understanding Series)」는 2006년에 출판된 「유아·유치원에서 8학년까지의 수학을 위한 교육과정 초점 사항: 일관성을 위한 요구(Curriculum Focal Points for Prekindergarten through Grade 8 Mathematics: A Quest for Coherence)」와 2009년에 발간한 「고등학교 수학의 초점 : 추론과 이해(Focus in High School Mathematics: Reasoning and Sense Making)」의 정신에 따라 학교수학교육과정에 집중하였습니다. 「필수 이해 시리즈」는 학생들을 가르칠 때 도움이 될 수 있도록, 특정 수학 주제에 대하여 개인의 지식을 넓히고 질을 향상시키기 위해 수학적으로 사고하고 싶은 교사와 동료를 위한 자료입니다. 각 책의 주제는 학생들은 배우기 어렵고, 교사는 가르치기 힘들며, 학생들이 학습자로서의 성공과 그들의 미래의 삶과 진로에 매우 중요한 역할을 할 수 있는 수학적 영역을 다루고 있습니다.

교사로서, 연구자로서 그리고 수학자로서의 자신들의 경험에 기반을 두고 저자들은 각 책의 주제에 중심이 되는 핵심 아이디어를 설명하고 있습니다. 필수 이해—주제의 본질을 포착하는 수학적 관점—가 모여서 각각의 핵심 아이디어를 이룹니다. 종합적으로, 핵심 아이디어와 필수 이해는 집중적이고 연결되며 유용한 수학적 관점을 교사들에게 제공합니다. 학생들이 학교수학에서 선수 학습이나 후속 학습으로 배우게 되는 주제를 교수 및 평가와 연결시켜 주는 것은 교사의 수학에 대한 필수 이해의 관련성과 중요성을 설명해 줍니다.

이 시리즈를 만들 수 있게 도와준 모든 사람들에게 이사회를 대신하여 진심으로 감사를 표합니다. 특별히 시리즈의 편집자로서 리더십을 발휘한 Rose Mary Zbiek에게 감사의 뜻을 전합니다. 필수 이해 프로젝트팀과 함께 이 책들을 접하는 여러분을 환영하며, 여러분들이 앞으로도 수학을 배우고 가르치는 것에 대하여 오랫동안 즐길 수 있기를 바랍니다.

Henry Kepner
회장, 2008-2010
미국수학교사협의회

머리말

유아·유치원부터 12학년까지, 수학과 교육과정은 학생들의 발달에 중심이 되는 중요한 주제들을 포함하고 있다. 이 주제들을 이해한 학생들은 새로운 수학 분야로 자연스럽게 넘어가며 자신감을 가지고 계속 발전해 가게 된다.

그러나 이 주제들 중 많은 부분은 전통적으로 배우거나 가르치기가 어려웠으며, 학생들의 발달을 점검하기 위한 문지기로서의 역할을 하기보다는 장애물 역할을 하는 것으로 증명되었다. 이러한 주제들에 대하여 기초를 단단히 다지지 못한 학생들은 수학이나 관련된 교과목에서 후속 학습을 할 때 대개 가속도를 내지 못하고 활동을 해 나가는 데 어려움을 겪는다.

「필수 이해 시리즈」는 모든 단계에서 이런 주제들을 분석했다. 학생들에게 이런 주제들을 가르치는 교사들은 학생들이 수학적 성취를 이루는 데 중요한 역할을 한다. 이 시리즈의 각 책은 여러분처럼 단지 유능함을 넘어서 교실에서 훌륭한 교사가 되고 싶은 사람들에게 학생들이 꾸준히 수학적으로 발달할 수 있도록 한 가지 또는 더 많은 주제들에 대하여 이해를 풍부히 할 수 있도록 돕는다.

얼마나 알아야 하는가?

이러한 어려운 주제들을 효과적으로 가르치기 위해서는 폭넓고 깊은 수학적 이해에 관심을 가져야 한다. 그런데 어려운 것은 학생들이 알고 배워야 할 것이라고 기대하는 것 이상으로 교사는 그 주제들에 대해 더 많이 알아야 한다는 것이다.

왜 그렇게 광범위한 지식이 필요한 것인가? 왜 가르쳐야 하는지에 대한 것과 학생들이 알아야하는 것 이상의 지식이여야 하는가? 이 질문에 대한 답은 많은 요소로 설명할 수 있다.

학생들에게 성공적인 학습경험이 되도록 계획하기 위해서는 다양한 모델들과 표현을 이해해야 하며, 어떠한 경우에는 교육과정을 평가하고 수업을 계획하면서 여러 기술들을 익혀야 할 때도 있다. 교사는 과제들을 선택하고 실행하면서 무엇을 강조해야하는지 알아야 하며 그것들이 수학적으로 왜 중요한지도 알아야한다.

교사는 수업하면서 학생들이 당혹해 할 것을 예상해야 하고, 학생들이 그러한 함정을 피해갈 수 있도록 도와줘야 하며, 오개념을 인지하고 바로 잡아야 한다. 또한 예측하지 못한 수업 상황들을 활용하여 다양한 수학 주제들을 연계하여야 한다. 만약 평가에서 학생들이 수업에서 다룬 내용을 잘 이해하지 못한 것으로 나타난다면, 학생들이 이해하지 못한 부분을 어떻게 설명할 것인지 알아야 한다. 한 번에 알아듣지 못하는 학생들을 위해 다양한 방법으로 수학을 묘사하도록 다양한 방면에 대해 충분히 이해해야 한다. 또한, 전체 수학교육과정에 비추어 그 주제가 어디에 연계되는지 알아야 한다. 그리고 학생들의 생각이 어디에서부터 오며, 추후 학습에서는 학생들이 수학적으로 어디로 향해 나아갈지도 알아야 한다.

이러한 일들을 수학적으로 수행하는 것이 무리한 요구로 들릴 수도 있다. 그러나 교사가 폭넓게 수학적으로 이해해야 학생들을 잘 인도하고 학생들이 순조롭게 학습할 수 있도록 다양하게 지도할 수 있게 된다.

「필수 이해 시리즈」가 어떤 도움이 되는가?

「필수 이해 시리즈」는 여러분이 지도하는 내용에 대한 지식을 강화시키도록 수학에 대하여 철저히 점검할 수 있는 기회를 제공한다. 이 책들은 학생들에게 사용할 수 있는 자료를 직접적으로 제공하지도 않을 뿐더러, 학급 관리나 가르치는 방식, 또는 평가 기법들을 다루지도 않는다. 그 대신 이 책들은 수학적 내용에 관한 주제들, 즉 수업을 준비할 때 필요한 아이디어와 이해, 수업 지도, 학생들과의 일대일 상호작용, 그리고 평가에 대해 집중적으로 다룬다.

저자들이 주제에 어떻게 접근하고 있는가?

저자들은 각 주제에 대해 "핵심 아이디어(big ideas)"와 "필수 이해(essential understandings)"로 구분하고 있다. 핵심 아이디어는 하나의 수학적인 주제에 중심이 되고 비교적 작으면서 많은 수학적 아이디어들을 묶어 일관성 있게 하나로 연결하는 광범위한 개념의 중요한 수학적 진술이다. 이 책에서 각각의 핵심 아이디어들과 관련된 비교적 작고 구체적인 주제들을 필수 이해라고 부른다. 저자들은 핵심 아이디어들의 특징적인 측면들을 부각하고 이에 대한 풍부한 증거를 제공한다.

핵심 아이디어들은 수학에 있어 매우 큰 가치를 가지고 있다. 서로 관련된 필수 이해들을 꾸준히 연구함으로써 매우 압축된 진술문의 힘과 가치를 느낄 수 있을 것이다. 다수의 이런 작은 개념들을 완벽히 이해하고 이를 통해 핵심 아이디어들에 접근하는 것은 여러분의 지적 자산과 수업의 가능성들을 상당히 증대시켜 줄 것이다.

교사의 역할 중의 하나로 수학적 아이디어를 연구하면서, 여러분은 아마도 이런 필수 이해들이 학생들에게 어려운 주제들 중 하나를 제시하기 위하여 교사에게 필요한 이해의 핵심이라는 것을 알아차렸을 것이다. 이런 필수 이해라는 수학적 조각들이 모여 핵심 아이디어를 구성하기 때문에 이를 잘 아는 것이 매우 중요하다.

이 책들은 어떻게 구성되어 있는가?

「필수 이해 시리즈」의 모든 책들은 같은 구조를 가지고 있다.

- 서론에서는 개요와 특정 주제들을 선정한 이유들을 설명하며, 교사들과 학생들이 알아야 하는 것의 몇 가지 차이점들을 강조한다.
- 1장은 이 책의 핵심이며, 핵심 아이디어들과 그에 관련된 필수 이해들을 구분하여 검토하였다.
- 2장에서는 1장에서 다룬 개념들을 각 학년에서 나오는 수

학적 개념들이나 학생들이 선수나 후속으로 수학을 공부할 때 마주칠 다른 수학적 개념들과의 관련성을 고려하여 살펴본다.

- 3장에서는 개념들을 다루면서 나온 주제들에 관련된 필수적인 개념들을 이해하는 데 겪는 학생들의 어려움들을 다루는 것으로 마무리 짓는다. 그리고 학생들의 사고 발달을 분석하고, 학생들의 이해도를 평가하며, 그들에게 주제들을 제시할 수 있게 안내한다.

1장에는 핵심 아이디어들과 필수 이해들을 논의하는 가운데 "생각해보기"라고 분류된 질문들을 군데군데 넣었다. 읽으면서 잠시 멈춰 이것들에 대해 스스로 생각해 보거나 동료들과 논의해보는 것이 중요하다. 자료들에 이러한 방식으로 접근하는 것은 이 책을 읽는 경험을 참여적이고 상호적이며 역동적이게 할 수 있을 것이다.

생각해보기 질문들은 같은 지역 교사들이나 온라인상에 연결된 같은 학군의 교사들, 그리고 나아가 시 전체의 교사들과의 대화의 주제가 될 수 있을 것이다. 그러므로 이 생각해보기 질문들과 관련해서는 교사들이나 예비교사들이 개인이나 집단으로 대학 수업 혹은 그 이후에 공식적 또는 비공식적 경험을 위한 도구로써 이 책을 사용하는 경우가 더 많아지도록 할 것이다.

새로운 관점

「필수 이해 시리즈」는 교사에게 폭넓고 깊은 수학적 이해를 지원함으로써 학생들이 다양한 방법으로 도움을 받을 수 있게 하기 위한 것이다. 논의되는 수학과 교육과정 상 학생들이 이전과 이후에 배우게 될 수학의 관련성을 고려함으로써 이 책은 흔치 않은 깊이와 학교수학의 수직적 연계성에 대한 통찰력을 제공한다.

이 시리즈는 「학교수학을 위한 원리와 규준(Principles and Standards for School Mathematics)」(NCTM, 2000), 「유아·유치

원에서 8학년까지의 교육과정 초점 사항: 추론과 이해(Curriculum Focal Points for Prekindergarten through Grade 8 Mathematics: Reasoning and Sense Making)」(NCTM, 2009), 그리고 「내비게이션(Navigations) 시리즈」(NCTM, 2001-2009)의 배경과 대비하여 진술하고 있다. 이 새로운 책들은 내용-기반 교사의 전문성 발달의 기회를 제공하는 데 중요한 역할을 한다.

다른 출판물들은 차례차례 새로운 책에 살을 붙이고 질을 높이는 데 사용할 수 있다. 이 책을 읽은 후에, 예를 들어, 학생들이 「필수 이해 시리즈」에서 논의된 주제들에 대한 통찰력을 기르도록 직접적으로 할 수 있는 규준 기반 활동들을 내비게이션 시리즈에서 골라낼 수도 있을 것이다. 만약 유아·유치원에서 8학년까지를 가르친다면, 「교육과정 핵심 사항(Curriculum Focal Points)」에서 제시한 3가지 중점들을 이용해 여러분의 심층적인 이해를 접목시켜 제시할 자료를 가지고 학생들의 수준에 맞추어 안내할 수 있을 것이다. 그리고 9학년에서 12학년 학생들을 가르친다면, 「고등학교 수학에서 초점(Focus in High School Mathematics)」에 나와 있는 것처럼 여러분이 이해한 것을 이용하여 학생들이 수학적 증명이나 이해를 형성할 수 있는 방법들을 풍부하게 할 수도 있을 것이다.

질 높은 이해는 새로운 관점을 제공하며 가르치는 데 있어 새로운 에너지를 불어 넣는다. 우리는 여러분이 이 책을 읽으면서 습득한 이해가 학생들이 그들의 수학적 성공을 확신시켜 주는 주제들을 완벽히 이해하도록 돕는 것을 지원해줄 수 있기를 소망한다.

저자들은 이 책을 준비하는 과정에서 유용한 공헌을 해 준 Deborah Schifter에게 감사를 표한다. 또한 초기 버전에 대해 사려 깊은 검토를 해 준 Joanne Rossi Becker, Barbara M. Brizuela, John Lannin, Christina Nugent, Walter Seaman에게 감사를 표한다.

서론

이 책은 함수에 대한 아이디어에 초점을 맞추고 있다. 이러한 아이디어는 9학년~12학년의 수학을 효과적으로 가르치기 위해 교사가 충분히 이해해야 하고 유연하게 사용할 수 있어야 하는 것이다. 이 책은 초등학교 교육과정에서 주로 다루는 여러 가지 수학적 아이디어에 대해 논의하며, 교사는 자신의 학생들이 학습할 수학을 깊이 있게 탐구하고 그 이상으로 확장하도록 스스로에게 동기를 부여한 다양한 수학 경험을 가지고 있다고 가정한다.

이 책은 교사가 이러한 아이디어에 참여할 수 있도록 설계되었고, 함수의 복잡성을 반영하여 수업을 계획하고 실행하며 학생들의 학습을 평가하도록 이끄는 이해를 교사가 개발할 수 있도록 도와줄 것이다. 함수에 관한 아이디어를 깊고 풍부하게 이해하는 것은 학생들이 학교수학의 경험 전반에 걸쳐 접하였고 앞으로도 지속적으로 접하게 될 수학에 이러한 아이디어가 어떻게 스며들어 있는지를 보여줌으로써, 그 영향력과 범위에 대해 학생들과 소통할 수 있도록 해 준다.

이러한 연구로부터 교사가 얻게 되는 함수에 관한 이해는 「학교수학을 위한 원리와 규준」(NCTM, 2000)에 제시된 비전을 뒷받침한다. "모든 학생이 높은 수준의 흥미로운 수학 수업에 참여하는 교실, 학교 또는 학군을 상상하자(p. 3)." 이 비전의 성취는 "전문가로 끊임없이 성장하고 있고(p. 3)", 수학을 이해하며 학습하도록 도울 수 있는 의미 있는 경험에 학생을 일상적으로 참여시키는 교사에게 달려있다.

왜 함수인가?

NCTM의 「필수 이해 시리즈」의 모든 책에 제시된 주제와 마찬가지로, 함수는 학생의 학습에 있어서 대단히 중요하지만, 교사가 가르치기에는 도전적인 학교수학의 주요 영역이다. 9학년~12학년 학생들이 양적인 사고와 관계를 형성하는 교과에서 성공하고자 한다면 함수를 잘 이해할 필요가 있다. 학생들은 흔히 함수를 좁은 의미로 생각하는 경향이 있다. 일차 함수와 이차 함수를 중심으로 함수를 배우기 때문에 함수 개념을 식 또는 순서가 있는 규칙으로 제한하는 경향이 있는 것이다. 학생들은 실세계 현상을 기술하거나 표현하는데 유용한 다대일 대응 또는 불규칙적인 함수를 함수가 아니라고 생각하곤 한다. 함수의 이해가 중요하지만 이해하는 것이 쉽지 않기 때문에 9학년~12학년 수학교사들은 함수를 아주 잘 이해할 필요가 있다.

고등학교의 수학 교사로서 해야 할 일은 교사, 학교, 학군 및 해당 주의 교육과정에서 학생들이 함수에 관해 학습하기를 기대하는 수학을 견고하게 이해하는 것이다. 또한 교사는 이러한 수학이 실제 수업에서, 현 학년과 앞으로의 학년에서 학생들이 배울 다른 수학적 아이디어와 어떻게 관련되는지 알아야 한다. 풍부한 수학적 이해는 수업에서 과제 선정하기, 질문하기, 자료 선택하기, 시간에 따라 주제와 아이디어 순서 짓기, 학생 활동의 질을 평가하기, 학생의 사고를 자극하고 도울 수 있는 방법 고안하기와 같이 교사가 해야 하는 많은 부분에서 교사의 의사결정을 안내한다.

함수 이해하기

교사가 수학을 가르치는 이유는 다른 사람들이 학교, 직장, 삶에서 성공하고 만족할 수 있는 방법으로 수학을 이해하기를 바라기 때문이다. 교사는 학생들이 함수에 대해 탄탄하고 지속적인 이해를 개발하도록 돕기 위해 수학을 깊이 있게 이해해야 한다. 그렇다면 이것은 무엇을 의미하는가?

함수와 같은 수학 영역을 이해한다는 것이 어떠한 사실을 알고, 특정한 유형의 문제를 해결할 수 있으며 관련된 어휘에 능통하다는 것으로 생각하기 쉽다. 예를 들어, 초중등 수준에서 교사는 "함수란 한 집합에서 다른 집합으로의 일가 대응"이고 "일차 함수는 변화율이 일정하다"와 같은 사실을 알아야 한다. 교사는 함수의 그래프 그리기나 특정 값에서 함숫값 구하기와 같은 과제에서 문제를 해결할 수 있어야 할 것이다. 이 때 교사는 기울기, 극댓값, 극솟값, 연속과 같은 수학 용어를 알아야 한다.

물론 특정한 유형의 문제를 해결하기 위한 사실, 어휘, 테크닉이 교사가 함수에 관하여 알고 있을 것이라 기대하는 전부는 아니다. 예를 들어, 교사는 일차 함수와 이차 함수의 차이와 함수의 식, 표, 그래프 표현의 장점과 한계를 알아야만 한다. 또한 함수를 공통 성질을 갖는 함수로 분류하고 특정 함수의 변화율을 설명할 수 있어야 할 것이다.

9학년~12학년의 모든 수학교사들이 함수에 대해 알고 있어야 하고, 가르쳐야 하는 수학적 아이디어의 매우 긴 목록에 초점을 맞추는 것은 쉽다. 교육과정 개발자들은 종종 그러한 목록을 개발하고 제시한다. 하지만, 개별적인 항목들이 중요할 수 있어도 이러한 목록들은 주제에 대한 풍부한 이해의 본질을 담아낼 수 없다. 함수를 심도 있게 이해하기 위해서는 중요한 수학적 아이디어를 아는 것뿐만 아니라 어떻게 이러한 아이디어들이 서로 관련되는지 인식해야 한다. 교사의 이해는 새로운 아이디어를 수용하고 익숙한 아이디어를 새롭게 연결하는 경험과 기회를 통해 계속 성장해 나간다.

뿐만 아니라 함수에 대한 교사의 이해는 학생에게 지도해야 할 내용을 뛰어넘어야 한다. 교사가 알아야 하는 것과 학생들이 학습하기를 기대하는 것 사이의 차이점 중 일부는 쉽게 설명할 수 있다. 예를 들어, 교사는 대학 수준의 미분과 적분에서 변화율을 분석하는 좀 더 고등 문제만큼이나 중학교에서는 변화율을 비례추론과 연결시키는 식으로 이해해야한다.

교사가 알아야 하는 이해와 학생들이 학습하기를 기대하는 이해 사이의 또 다른 차이점은 덜 명확하지만, 교사는 교실에서 겪는 경험을 통해 그 차이점을 어느 정도 알게 된다. 예를 들어, “2개의 홀수를 더하면, 항상 짝수가 되나요?”와 같은 학생의 예기치 못한 일반화나 주장의 가치를 알아볼 수 있도록 함수를 이해하는 것에 대하여 얼마나 많이 고마움을 느꼈는가?

또한 지식이 부족하여 그러한 기회를 놓치거나 충분한 이점을 활용하지 못하고 실패할 수도 있다는 것에 대해 얼마나 많이 생각해왔는가?

교사가 거의 확실히 알고 있듯이, 교실에서는 친숙한 수학을 알고 할 수 있는 것만으로는 충분하지 않다. 교사도 새로운 주장을 밝혀내고 정당화하거나 반박할 수 있어야 한다. 이러한 주장과 정당화를 하기 위해서는 학생의 수학 경험과 현행 교육과정 상의 기대수준을 능가하는 아이디어나 기법을 필요로 할 수도 있다. 예를 들어, 함수인지 판단하기 위해 유명한 수직선 검사 방법을 이용하는 것이 모든 함수에 적용 가능하지는 않다는 주장이나 수열이 함수라는 아이디어 같은 것을 생각해 보라.

핵심 아이디어와 필수 이해

함수에 대한 이해를 풍부하게 해 주는 많은 특정한 아이디어에 대하여 생각하는 것은 부담스러운 과제일 수 있다. 그러한 수학적 아이디어 전부와 그 사이의 연결성을 설명하기 위해서는 여러 권의 책이 필요할 것이다. 저자들은 이 책에 어떤 아이디어를 포함시킬지 결정하기 위하여 핵심적인 질문을 고려했다. 효과적인 수업을 위해 9~12학년을 가르치는 수학 교사들이 함수에 대해 필수적으로 알아야 하는 것은 무엇인가? 이 질문에 대답하기 위하여 저자들은 다양한 자료를 수집했는데, 여기에는 수학 학습 및 교수에 관한 연구, 수학 및 수학교육 분야 동료들의 전문 지식, 검토위원 및 전문성 개발자의 반응, 교육과정 자료에서의 아이디어뿐만 아니라 개인적인 경험까지 포함된다.

그 결과, 이 책의 수학 내용은 함수에 대해 교사들이 필수적으로 알아야 할 내용에 초점을 맞춘다. 특히 1장은 이러한 수학의 중요한 영역과 관련된 5가지 핵심 아이디어를 중심으로 정리되어 있다. 각각의 핵심 아이디어는 이 책에서 필수 이해라 부르는 더 작고, 보다 구체적인 수학적 아이디어에 의해 뒷받침된다. 이 책은 핵심 아이디어와 관련된 세 가지 또는 일곱 가지의 서로 상관된 필수 이해에 초점을 맞춘다. 이러한 내용은 교사가 함수에 대해 무엇을 알아야 하는지 자세히 설명한다. 함수는 실제 현상들에 대해서 양적으로 생각하게 해주기 때문에 이를 이해하는 것은 매우 가치 있고 유용하다. 그리고 교사가 이런 관계 안에서의 변화를 생각하는 방식을 알려준다.

교수, 학습, 평가를 위한 이점

함수를 이해하는 것은 교사가 「학교 수학을 위한 원리와 규준」에 명시된 교수 원리를 실행하는 데 도움이 된다. 이 원리는 수업을 위한 상위 규준을 정한다.

> 수학을 효과적으로 가르치려면, 학생들이 무엇을 알고 있으며 어떤 것을 학습할 필요가 있는지에 대해 이해하여야 하며 학생들이 수학을 잘 학습할 수 있도록 격려하고 뒷받침해야 한다(NCTM, 2000, p. 16).

수학에서 다른 중요한 주제를 가르치는 것과 같이, 함수를 가르치기 위해서는 "일반적인 예비 수학 과정에서 대부분의 교사들이 경험하는 것을 뛰어 넘는(p. 17)" 지식이 필요하다.

1장은 이러한 관점에서 함수에 대한 개요를 제공한다. 이는 이 주제에 관해 교사가 지금껏 접해왔을 여러 가지 논의보다 더욱 집중적이고 포괄적이다. 이 장은 교사의 이해를 보완하고 강화하기 위한 목적으로 함수와 관련된 핵심 아이디어와 필수 이해를 열거하고 설명하며 그에 대한 예를 제공한다. 따라서 1장의 목적은 교사가 학생들에게 함수를 탄탄하게 학습하게 하기 위해 필요한 지지와 도전을 제공하면서 교수 원리를 충분히 실행할 수 있도록 준비시키는 것이다.

이러한 방식으로 교사의 이해를 통합하는 것은 「원리와 규준」에 드러난 학습 원리를 실행하도록 교사를 준비시키기도 한다.

> 학생들은 경험과 이전의 지식을 바탕으로 새로운 지식을 능동적으로 구성함으로써 수학을 이해하면서 학습해야 한다 (NCTM, 2000, p. 20).

학생들이 이러한 방식으로 함수를 학습하도록 돕기 위한 교사의 노력을 지지하기 위하여, 2장은 핵심 아이디어와 필수 이해를 학생들이 학교에서 통상적으로 직면하는 수학과 연결되는 구체적인 방법을 보여줌으로써 1장에서 제시한 함수에 대한 이해를 기반으로 한다. 이 장은 학생들이 함수를 학습할 때 장기적인 연결을 강조함으로써 학습 원리를 뒷받침한다. 예를 들어, 함수라는 아이디어의 기초는 초등학교에서부터 시작된다. 초등학교에서 학생들은 패턴을 공부하고변수의 비형식적 개념을 발전시키다. 중학교에서는 패턴을 표로 표현하고 공변을 관찰하는 것을 배운다. 고등학교에서는 특별한 함수의 성질을 탐구함으로서 함수류를 구성하고 그들의 관계를 분석한다. 대학에 가면 학생들은 함수의 성질에 관한 개념을 확장할 수 있도록 함수의 정의역을 복소수로 확장하여 배운다.

1장과 2장에서 제시하는 이해는 교수의 또 다른 중요한 영역을 강화시킬 수 있다. 3장에서 이러한 영역을 다루는데 1장과 2장을 기반으로 하여 학생이 가지고 있는 변수, 등호, 산술에 내재된 대수적 아이디어, 함수, 등식과 부등식에 대한 이해를 평가하기 위하여 적절한 과제, 기술, 도구를 선정하고 개발하는 데 함수에 대한 이해가 어떻게 도움이 되는지 보여준다. 함수에 관한 핵심 아이디어와 필수 이해는 그 아이디어를 가지고 학생의 과거와 미래의 경험을 이해하면서 강화되고 교사로 하여금 교실에서 이루어지는 평가가 유의미한 수학 학습을 돕는다는 것을 확신하게 하는 데 도움이 될 수 있다.

그러한 평가는 「원리와 규준」에 제시된 평가 원리의 첫 번째 조건을 만족시킨다.

> 평가는 중요한 수학의 학습을 뒷받침해야 하며 교사와 학생 모

두에게 유용한 정보를 제공해야 한다(NCTM, 2000, p. 22).

또한 교사가 함수를 이해함으로써 학생들이 생각하고 있는 것과 이해하는 것에 대한 구체적인 정보를 제공하는 평가 과제를 개발할 수 있게 하고, 이는 평가 원리의 두 번째 조건을 만족시키는 데 도움이 될 수 있다. 예를 들어, 교사는 학생에게 일련의 그래프를 나타내는 식을 만들도록 (또는 선택하도록 요구할 수 있다. 이것은 일반적인 "식에 대한 그래프 그리기" 라는 평가 문장의 역과정으로 교사가 하나의 문항으로 함수의 다양한 핵심 아이디어에 연관된 여러 가지 필수 이해를 평가하는 것을 도울 수 있다.

시작할 준비하기

서론은 1장에서 접하고 탐구하게 될 함수에 관한 핵심 아이디어와 필수 이해에 교사를 준비시키면서 그 배경을 제시하였다. 각 장을 순서대로 읽는 것이 이 책에 접근하는 매우 유용한 방식이 될 것이다. 1장은 생각하는 시간을 가지고 한 번 이상 읽어보기를 권한다. 함수와 관련된 핵심 아이디어와 필수 이해의 아이디어를 받아들인 후 이러한 아이디어 사이의 연결을 알아볼 수 있다. 그런 다음 새롭게 이해한 것이나 견고하게 이해된 것을 가지고 2장으로 넘어가면, 함수에 관한 아이디어가 학생들이 학교에서 이전에 직면했거나 이후에 직면하게 될 수학에 어떻게 연결되는지 이해하도록 안내할 것이다. 그 다음 3장에서 교수, 학습 및 평가에 관한 내용을 읽어볼 수 있다.

대안적으로 1장과 2장의 수학 아이디어를 읽기 전에 3장을 먼저 살펴볼 수도 있다. 교수, 학습 및 평가의 도전을 분명히 염두에 두고, 그것들에 대한 가능한 접근 방법과 더불어, 1장과 2장의 자료에 대한 다른 관점을 제시할 수 있다.

이 책을 어떻게 읽던지 간에, 함수에 대한 교사의 이해, 적용, 그리고 즐거움을 확장하는 데 도움이 되기를 바란다.

제1장

함수 : 핵심 아이디어와 필수 이해

함수는 다양한 수학 주제와 관련 있고 대학 수준의 수학에서 중요한 역할을 하기 때문에 중학교 수학에서도 가장 중요한 주제 중 하나이다. 함수는 현실에서 일어나는 상황을 양적으로 연구하고 관계와 변화를 연구하는 기본 토대를 제공한다. 함수의 교수–학습에는 여러 가지 핵심 아이디어가 내재되어 있다. 이 책에서는 특히 다섯 가지의 핵심 아이디어를 강조한다.

Big idea

핵심 아이디어 1. 함수의 개념

함수의 개념은 매우 넓고 유동적이어서 다양한 상황에 적용할 수 있다. 함수는 계속적으로 변하는 수의 실체를 설명하는 "고전적" 함수 외에도 다양한 수학 개념과 연결되어 있다. 예를 들어, 행렬이나 등차수열, 등비수열도 일종의 함수이다.

Big idea

핵심 아이디어 2. 공변과 변화율

함수를 이용하면 관련된 양들이 서로 어떻게 변하는지를 설명할 수 있다. 한 양이 변할 때 다른 양이 변하는 비율을 보고 다양한 관계를 분류·예측하고 그 성질을 밝힐 수 있다.

Big idea

핵심 아이디어 3. 함수족

함수는 각기 독특한 특징을 가진 여러 함수족으로 분류할 수 있다. 여러 종류의 함수를 이용하여 실세계의 다양한 현상을 모델링할 수 있다.

Big idea

핵심 아이디어 4. 함수의 결합과 변환

사칙연산(합, 차, 곱, 몫)과 합성을 이용하여 함수를 결합할 수 있다. 또한 존재하는 경우 역함수를 구할 수도 있다. 어떤 함수로부터 변환된 것인가라는 관점에서 함수를 분석할 수도 있다.

Big idea

핵심 아이디어 5. 함수의 다양한 표현

함수를 식, 그래프, 언어, 표 등 다양한 방법으로 표현할 수 있다. 이러한 다양한 표현 사이의 연결은 관계와 변화를 탐구할 때 매우 중요하다.

이러한 핵심 아이디어에는 함수를 공부할 때 초점이 되는 "필수 이해"가 내재되어 있다. 함수를 가르치고 배울 때 필수 이해 하나하나를 명시적으로 다루어야 한다. 이 책은 학생들에게 중요하다고 여겨지는 필수 이해들을 강조한다. 다음 절에서 이러한 필수 이해를 다룬다. 다른 핵심 아이디어에 적용되기도 하겠지만, 가장 밀접하게 관련된 핵심 아이디어에 따라 필수 이해를 제시하였다.

Big idea

핵심 아이디어 1. 함수의 개념

필수 이해 1a. 함수는 한 집합(함수의 정의역)에서 다른 집합(치역)으로의 일가 대응이다.

필수 이해 1b. 함수는 다양한 상황에 적용된다. 어떤 특별한 식이나 규칙적인 패턴을 설명할 필요는 없다. "연속적인 변화"가 아닌 경우도 함수가 된다. 예를 들어, 수열도 함수이다.

필수 이해 1c. 함수의 정의역과 치역은 반드시 수일 필요는 없다. 예를 들면, 2×2 행렬은 정의역과 치역이 이차원 벡터 공간인 함수로 볼 수 있다.

핵심 아이디어 2. 공변과 변화율

필수 이해 2a. 실수에서 실수로의 함수에서 어떤 공변의 패턴이나 두 변수가 함께 변하는 패턴은 특정 함수족의 성질을 나타내고 그 함수가 가지는 공식의 유형을 결정한다.

필수 이해 2b. 변화율은 한 변량이 변함에 따라 다른 변량이 어떻게 변하는지 설명한다. 즉, 변화율은 두 변수 사이의 공변을 설명한다.

필수 이해 2c. 함수의 변화율은 그 함수가 어떤 실세계 현상을 모델링할지 결정하는 주요 특징 중 하나이다.

핵심 아이디어 3. 함수족

필수 이해 3a. 함수족의 원소는 동일한 변화율의 유형을 공유한다. 이런 변화율의 특징은 그 함수가 모델링하는 실세계 현상의 종류를 결정한다.

필수 이해 3b. 일차 함수는 일정한 변화율로 특징지어진다. "기울기 삼각형"의 닮음에 대한 추론은 일차 함수가 일정한 변화율을 가지고, 함수식이 $f(x)=mx+b$(m, b는 상수)라는 것을 추정하게 한다.

필수 이해 3c. 이차 함수는 변화율이 일차이며, 이차 함수의 변화율의 변화율(이계도함수)은 일정하다. 이차 함수의 표준형에 대한 추론으로부터 최댓값 또는 최솟값을 가지며, 해가 실수이면 그 해들은 최댓값 또는 최솟값을 갖는 점의 x좌표에 대하여 대칭임을 유도할 수 있다.

필수 이해 3d. 지수 함수에서 변화율은 함숫값에 비례한다. 입력값이 1씩 증가하면 출력값은 상수만큼 곱해지는 것이 지수 함수의 특성이다. 지수 함수는 식 $a^{b+c}=(a^b)(a^c)$에서와 같이 곱셈이 덧셈과 연결된다.

필수 이해 3e. 삼각 함수는 주기 함수의 자연스럽고 기본적인 예이다. $0°$와 $90°$ 사이의 각에 대하여 삼각 함수는 직각삼각형 변의 길이 사이의 비로 정의된다. 닮은 삼각형에서 변의 길이의 비가 같기 때문에 삼각 함수는 잘 정의되었다. 일반각에 대하여 사인 함수와 코사인 함수는 원 위의 점의 x좌표와 y좌표 또는 원 운동을 x축과 y축으로 투사한 것으로 볼 수 있다.

필수 이해 3f. 등차수열은 정의역이 양의 정수인 일차 함수로 볼 수 있다.

필수 이해 3g. 등비수열은 정의역이 양의 정수인 지수 함수로 볼 수 있다.

핵심 아이디어 4. 함수의 결합과 변환

필수 이해 4a. 같은 정의역에서 실수로의 함수는 서로 더하거나 빼거나 곱하거나 나눌 수 있다(나누는 경우 정의역이 달라질 수도 있다).

필수 이해 4b. 적합한 조건하에서 함수를 합성할 수 있다.

필수 이해 4c. 정의역과 공역이 실수인 함수의 경우, "이동" 또는 "눈금조정"을 통해 합성 함수의 식이 변하고 그래프를 예상할 수 있다.

필수 이해 4d. 적합한 조건에서 함수는 역함수를 갖는다. 로그 함수는 지수 함수의 역함수이다. 제곱근 함수는 제곱 함수의 역이다.

핵심 아이디어 5. 함수의 다양한 표현

필수 이해 5a. 함수는 대수식, 그래프, 언어, 표 등의 다양한 방법으로 표현할 수 있다.

필수 이해 5b. 함수의 표현에 따라 강조하는 특징이 달라지며 한 가지 함수 표현은 함수의 일부만 보여주지만, 함수를 표현하는 방법(식, 그래프, 표, 언어 등)을 바꾼다고 함수 자체가 달라지는 것은 아니다.

필수 이해 5c. 맥락에 따라 어떤 함수 표현은 다른 표현보다 더 유용하다.

필수 이해 5d. 함수의 대수적 표현과 기하적 표현 사이의 관계는 함수 사이의 관계와 변화를 다룰 때 특히 중요하다.

함수 개념은 넓고 유연하기 때문에 대수에서부터 기하, 측정, 확률, 데이터 분석에 이르는 고등학교 교육과정에 포함되는 모든 영역에 적용된다. 따라서 함수에 대한 연구는 고등학교 교육과정에 대한 조직도의 제공이 가능하다. 하지만 함수는 매우 크고 중요한 주제로 본 책 정도의 두께로는 함수를 철저히 다루는 것이 쉽지 않다. 따라서 고등학교 수준에서 일부 중요한 부분을 선별하여 다룬다. 우리는 함수의 식 뿐만 아니라 함수가 나타내는 실질적인 상황들에도 변화율이 적용될 수 있다는 사실을 강조하는 특정한 관점으로 함수를 바라본다. 이런 식으로 학생들이 미적분학을 수강하기 전에 배우는 함수를 다룰 때 미적분학의 관점을 적용했다.

핵심 아이디어 1
함수 개념

Big idea

함수의 개념은 다양한 상황에 적용할 수 있는 만큼 넓고 유동적이다.. 함수는 계속적으로 변하는 수의 실체를 설명하는 "고전적" 함수 외에 다양한 수학 개념과 연결되어 있다. 예를 들어, 행렬, 등차수열과 등비수열도 일종의 함수이다.

함수란 무엇인가? 이 장에서는 함수 개념을 정의하는 방법에 대해 논의하고 함수를 적용할 수 있는 고등학교 수학의 다양한 상황을 예로 제시한다.

본래 함수 개념은 물리적 세계에서 변화하는 양 사이의 관계를 탐구하는 과정에서 발생하였다. 예를 들어, 건물의 꼭대기에서 물체를 떨어뜨릴 때 바닥에서 물체까지의 높이는 물체가 떨어지는 데 걸린 시간과 어떤 관계가 있을까? 진자 운동에서 추의 길이와 추가 앞뒤로 흔들릴 때까지 걸린 시간은 어떤 관계가 있는가? 울타리로 둘러싸인 원형의 동물 우리의 넓이와 울타리의 길이 사이에는 어떤 관계가 있을까? 이러한 문제들은 함수를 이용하여 해결할 수 있다.

1) 함수는 변하는 양 사이의 관계를 보여준다

높이(또는 길이), 지나간 시간, 넓이와 같이 두 물리적 양 사이의 일반적인 관계를 탐구할 때 가능한 범위에서 변하는 양을 생각하는 것이 유용하다. 예를 들어, 물체가 30m 높이에서 떨어졌다면, 땅으로부터 물체까지의 거리는 0m부터 30m까지 변할 수 있다. 0부터 30사이의 모든 수는 물체가 떨어지는 데 걸린 시간에 대한 물체의 높이(m)를 나타낸다. 함수의 발달 과정에서 변화하는 양을 변수라고 하는 문자로 나타낸다.

변수를 이용함으로써 양이 취할 수 있는 모든 값을 동시에 탐구할 수 있다. 따라서 변수가 있는 식은 많은 값 사이의 관계를 한꺼번에 보여준다. [생각해보기 1.1]의 문제를 생각해보자.

생각해보기 1.1

원형의 울타리로 둘러싸인 동물 우리를 생각해보자. 주어진 울타리의 길이에 해당하는 구역은 원형으로 둘러싸여 있다. 이때 원형 우리의 넓이와 우리를 둘러싼 울타리의 길이 사이의 관계를 서술하여라.

울타리의 길이와 동물 우리의 넓이 사이의 관계를 식 $A=\frac{L^2}{4\pi}$ 또는 $L=2\sqrt{\pi A}$로 나타낼 수 있다. 이때 L은 울타리의 길이, A는 원형으로 둘러싸인 동물 우리의 넓이이다. 또한 길이와 이에 해당하는 넓이의 관계를 표를 통해 나타낼 수 있고 그래프로도 나타낼 수 있을 것이다. 변화하는 양 사이의 관계를 보여주는 이러한 표현 방법은 함수 개념을 정의하는 방법과 어떤 관련이 있는가?

2) **함수**의 정의

다양한 방법으로 **함수**를 정의할 수 있다. [표 1.1]에 제시된 중학교, 고등학교, 대학교 수준의 수학 교과서에 나오는 **함수**에 대한 비형식적 또는 형식적 정의를 생각해보자.

[표 1.1] 교과서에 나오는 **함수**의 정의

A	함수는 입력값과 출력값 사이의 관계이다. 함수에서, 출력값은 입력값의 영향을 받는다. 각 입력값에 대해서 하나의 출력값만 존재한다.
B	함수는 정의역의 각 원소가 치역의 **오직** 하나의 원소와 짝을 이루는 관계이다.
C	함수는 다음 조건을 만족하는 순서쌍들의 집합이다. 같은 입력값을 넣었을 때 다른 출력값이 나오는 두 순서쌍은 존재하지 않는다.
D	실수의 집합 D에서 정의된 함수 f는 D에 속한 각 x에 오직 하나의 실수 $f(x)$로 정해지는 규칙이다.
E	함수는 집합 A의 각 원소에 집합 B의 유일한 원소를 정하는 규칙이다(집합 B는 집합 A와 같거나 같지 않다).
F	두 집합 A와 B에 대해서 A에서 B로 가는 함수 $f: A \to B$는 데카르트 곱의 부분집합이며 $a \in A$는 f에 속하는 순서쌍 (a, b)의 첫 번째 원소로 단 한 번 나타난다.
G	함수는 정의역이라고 불리는 집합과 치역이라고 불리는 집합 사이의 사상 또는 대응으로 정의역의 각 원소에 치역에 있는 오직 하나의 원소가 대응된다.
H	각 t의 값이 t에 관련된 H의 고윳값을 가지고 있다면 하나의 양 H는 또 다른 t의 함수이다. 이때 H를 **함숫값** 또는 **종속 변수**, t를 **독립 변수**라고 한다. 즉, t를 **입력값**, H를 **출력값**으로 생각할 수 있다.

자료 : Definitions A and B, Holiday 외 (2005), pp. 43 and 226, respectively
Definition C, Interactive Mathematics Program (2000), p. 5.
Definition D, Edwards and Penney (2002), p.2.
Definition E and F, Usiskin 외 (2003), pp. 68 and 70.
Definition G, Saxon (2003), p. 152.
Definition H, Hughes-Hallet 외 (1994), p.2.

참고 : 고딕체로 표현된 것은 원본에서 발췌하였으며 개념 D는 **실변수** 함수에서만 정의된다.

표에 제시된 정의들을 복습한 후에 [생각해보기 1.2]에 있는 질문에 대해 혼자서 또는 동료 교사와 함께 팀을 만들어 생각해보자.

생각해보기 1.2

함수의 정의를 범주별로 분류하라(표를 복사하거나 잘라서 두는 것이 도움이 될 것이다).

범주별로 함수 정의의 공통된 특징을 찾아보고 범주별 경계가 명확해지도록 범주별 정의를 기술하라.

기준을 달리하여 범주화하라.

활동 결과를 바탕으로 표에서 제시된 정의에 관한 다음 질문을 고려(다른 사람과 같이 하고 있다면 토의)하라.

- 함수의 정의들에서 공통된 특징은 무엇일까? 또 차이점은 무엇인가?
- 학생과 교사는 **모든** 함수 개념에서 어떤 면에 주목하는가?

몇몇 함수의 정의가 한 집합에서 다른 집합의 원소를 택하는 것으로 정의내린 것에 주목하라. 이런 정의에서는 입력값을 출력값에 대응시키거나(정의 A와 H), x를 $f(x)$로 보내는 규칙(정의 D와 E)이나 사상 또는 대응, 아니면 한 집합에서 다른 집합으로의 결합(정의 G와 H)으로 함수를 정의한다. 어느 두 순서쌍도 첫 번째 원소가 같고 두 번째 원소는 다른 경우가 없는 순서쌍들의 집합으로 함수를 정의한 것도 있다(정의 B, C와 F).

[생각해보기 1.1]에서의 동물 우리의 넓이와 울타리의 길이 상황을 돌이켜보자. [생각해보기 1.3]에서는 [표 1.1]에 제시된 **함수** 정의의 다양한 관점에서 이 상황을 다시 검토해 본다.

생각해보기 1.3

울타리로 둘러싸인 원형의 동물 우리 예제를 다시 생각해 보자.

a. 정의 A, D, E, G와 같이 한 집합에서 다른 집합으로 보내는 “대응” 관점에서의 **함수**의 정의를 이용하여 동물 우리 상황을 분석하여라.

b. 정의 B, C나 F와 같이 “순서쌍” 관점에서의 **함수**의 정의를 이용하여 동물 우리 상황에서 만들어지는 함수를 서술하라.

c. 함수의 두 가지 다른 정의("대응"을 강조한 [A, D, E, G, H] 정의와 "순서쌍"을 강조한 [B, C, F] 정의)가 어떤 관련이 있는지를 설명하라.

울타리의 길이 L과 원형의 폐곡선의 넓이 A를 연관시킬 때 $A = \frac{L^2}{4\pi}$라는 식을 통해 이 둘의 상관관계를 파악했다. 이는 "대응"의 관점에서의 함수 개념을 이용한 것이다. 반대로 "순서쌍"을 강조한 관점의 정의에서 볼 때 $A = \frac{L^2}{4\pi}$를 만족하는 순서쌍 (L, A)을 생각할 수 있다. 두 가지 경우 모두 울타리의 길이 L이 음인 경우는 의미가 없기 때문에 (길이이기 때문에) 양의 실수이다.

함수를 $y = f(x)$의 형태로 나타내면, 식을 만족하는 x에 y가 대응한다는 것을 의미한다. 그러나 함수의 그래프를 그릴 때 함수는 순서쌍의 집합으로 본다. 함수를 표로 나타내는 것은 표의 왼쪽 열의 원소를 오른쪽 열의 원소에 대응시키는 것으로 생각할 수도 있고 각 행의 두 원소를 순서쌍으로 생각할 수도 있기 때문에, "대응"의 관점에서의 함수의 정의와 "순서쌍" 관점에서의 함수의 정의는 연결된다.

3) "일가 대응"과 수직선 검사

정의에 따르면, 함수는 일가 대응이다(필수 이해 1a). 다시 말하면, 정의역의 각 원소에 대하여 함수의 치역 중 오직 하나의 원소가 대응된다.

> **필수 이해 1a**
> 함수는 한 집합(함수의 정의역)에서 다른 집합(치역)으로의 일가 대응이다.

대부분의 고등학교 수학 교과서에서 함수를 다룰 때 일가 대응이 핵심 요소이다. 교과서는 집합 사이의 관계를 논의한 후 함수의 정의를 도입하는 경우가 많다. 예를 들어, [표 1.1]의 정의 B는 함수를 특별한 유형의 관계, 즉 일가 대응으로 본다. 이러한 교과서들은 일반적으로 다양한 관계가 함수인지 아닌지를 판단하는 일련의 연습문제를 해결한 후 함수의 정의를 도입한다. [생각해보기 1.4]의 과제를 보자.

생각해보기 1.4

수학 교과서에서는 다음과 같은 "대응 다이어그램"을 이용하여 관계를 설명하고는 한다.

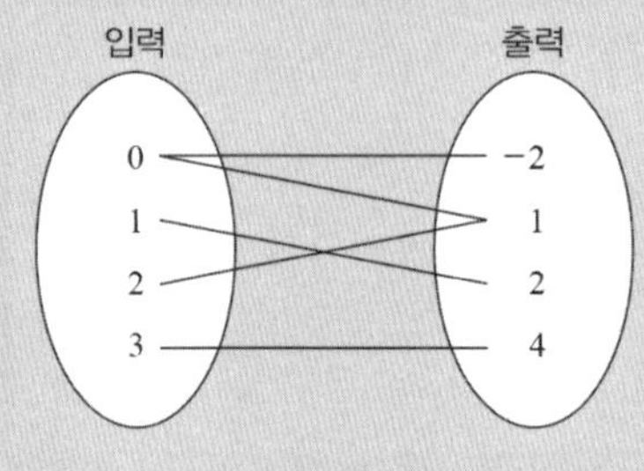

a. 정의 A 또는 H를 이용하여 위의 대응이 입력값에서 출력값으로의 함수인지 아닌지를 판단하여라.
b. **입력값**과 **출력값**이라는 용어를 사용하지 않은 다른 정의를 이용하여 위의 대응이 함수인지 아닌지를 판단하여라.
c. 입력값에서 출력값으로의 함수의 표현으로서 대응 다이어그램은 무슨 정보를 제공하는가? 또는 무엇을 제공하지 못하는가?

[생각해보기 1.4]에 제시된 관계는 함수의 일가 대응 조건을 침해한다. 왜냐하면 입력값 0은 하나 이상의 출력값(−2와 1 모두)에 대응된다. 순서쌍의 정의에 따르면, 이 관계는 입력값에서 출력값으로의 함수가 아니라고 말할 수 있다. 왜냐하면 0은 하나 이상의 순서쌍((0, -2)와 (0, 1))의 첫 번째 원소이기 때문이다. 대응 다이어그램을 이용하면 입력값과 출력값이 유한집합인 경우에 입력값에서 출력값으로의 함수가 아니라는 것을 알 수 있다. 하지만 대응 다이어그램을 적절히 나타낼 수 없거나 분류에 도움이 되지 않는 많은 관계가 존재한다. [생각해보기 1.5]를 살펴보면 필수 이해 1a에서의 함수의 일가 대응을 강조하는 다른 예가 제시되어 있다.

필수 이해 1a

함수는 한 집합(함수의 정의역)에서 다른 집합(치역)으로의 일가 대응이다.

생각해보기 1.5

다음 중 y가 x의 함수인 것은 어느 것인가?

a. $x < 2$일 때, $y = 3$
$x \geq 2$일 때, $y = 2x - 2$

b. 아래 그래프 위의 모든 점들의 집합

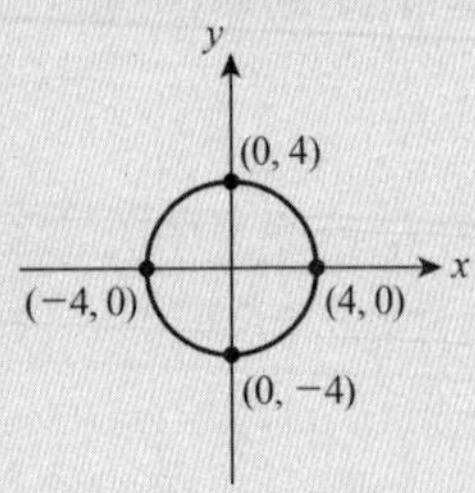

c. 아래 그래프 위의 모든 점들의 집합

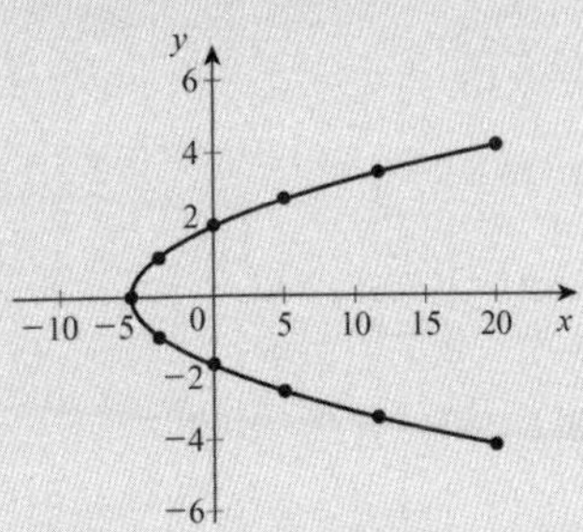

d.

x	y
−2	4
−1	1
0	0
1	1
2	4
3	9
4	16

(a)의 관계는 나누어진 정의역에 의해 정의된다. $x < 2$일 때 이 관계는 일정하다. 즉, $x < 2$인 모든 x에 대하여 대응되는 y값은 3이다. 각 x가 오직 하나의 y값 3에 대응되기 때문에 $x < 2$에서 이 관계는 일가 대응이다. **상수 함수**는 이러한 관계가 일가 대응인 것처럼 보이지도 않고(모든 x가 같은 상수에 대응되므로), 또한 출력값이 입력값에 영향을 받는 것처럼 보이지 않기 때문에 이를 혼동하는 학생들이 많다. (a)의 관계에서 다른 부분인 $x \geq 2$일 때 역시 일가 대응이며 일차 함수이다. 따라서 구간에 따라 정의된 관계 (a)는 함수이다.

[생각해보기 1.5]의 (b)와 (c)에서는 학생들이 그래프에 "수직선 검사"라는 것을 적용하고 y가 x에 대한 함수가 아니라고 생각할 수 있다. 수직선 검사는 일가 대응의 그래프 표현에 대한 학생들의 관심을 끌기 위해 사용되곤 한다. 학생들은 수직

선 검사를 이용하여 주어진 관계의 그래프가 y가 x의 함수인지 아닌지를 다음과 같이 판단할 수 있다.

> 모든 **수직선**이 그래프 위의 한 점만을 지난다면 y는 x의 함수이다. 수직선이 두 개 이상의 점을 지난다면 y는 x의 함수가 아니다.

수직선 검사를 강조하다보면 학생들이 함수 개념에 관한 추론보다 기계적으로 규칙을 적용하려 할 것이라고 제안한 교사와 연구자들이 있다(Fernandez (2005) 참조). 특히 그래프 표현이 아닌 경우는 수직선 검사를 적용하기 어렵다. 그래프에 의존하지 않고 일가 대응의 개념을 이해하면 학생들은 [생각해보기 1.5]의 (a)와 (d)에 제시된 관계가 일가 대응이고 함수라는 것을 더욱 잘 인식할 수 있을 것이다.

수직선 검사에 대한 또 다른 비판은 이 수직선 검사가 **직교좌표계** 상(즉, 일반적인 x좌표와 y좌표)의 순서쌍으로 구성된 함수에만 적용 가능하다는 것이다. 하지만 주어진 그래프에서 직교좌표계에서는 함수가 아니더라도 **극좌표**의 관점에서는 함수가 될 수 있는 순서쌍 집합이 있다. 예를 들어, [생각해보기 1.5]의 (b)에 제시된 원은 첫 번째 원소가 각으로 표현되는 극좌표에서 $(\theta, 4)$로 모든 점을 나타낼 수 있고 이 관계는 **함수**이다(일반적인 극좌표 표현은 (r, θ)이지만 함수로 만들기 위해 순서를 바꾸었다). [그림 1.1]에서 볼 수 있듯이, 극좌표로 정의된 이 원은 (45°, 4)와 (165°, 4) 등의 점을 포함한다.

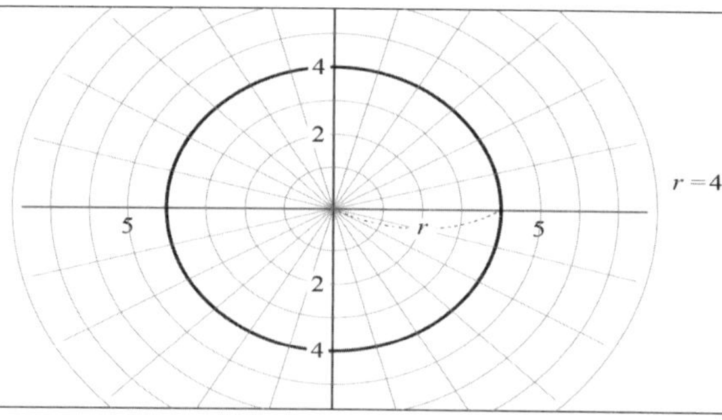

[그림 1.1] 순서쌍 (θ, r)로 이루어진 함수를 표현하기 위해 극좌표를 이용한 그래프 (θ는 x축의 양의 방향으로부터 반시계 방향으로 잰 각이고 $r = 4$)

[생각해보기 1.5]의 (c)에서 y는 x의 함수가 아니지만, 그래프는 함수 관계를 나타낸다(즉, x는 y의 함수인 것이다). 수직선 검사는 학생들이 이러한 그래프 표현의 중요한 측면을 탐구하는 데 방해가 될 수도 있다.

특히 고등학교 교과서들은 관계와 함수를 구분하는 연습문제를 통하여 일가 대응의 개념을 매우 강조한다. 그러나 일가 대응은 함수를 다루기 쉽고 덜 애매하게 하기 위한 "형식적인" 필요조건이다(Freudenthal, 1983). 예를 들어, 제곱근 함수는 $\sqrt{x}$가 $y^2 = x$를 만족하는 음이 아닌 실수 y와 같다고 정의한다. 그렇지 않다면, 각 x값은 2개의 y값에 대응될 것이고(예,4는 ± 2에 대응될 것이다), 어느 값에 대해 다루고 있는 것인지 매번 설명해 주어야 할 것이다. 제곱근은 두 점 사이의 거리를 찾는 데 중요하게 활용된다. 예를 들어, 두 점 $(0, 0)$, (x, y) 사이의 거리는 $\sqrt{x^2 + y^2}$이다. 음의 값은 거리가 되지 않으므로 제곱근 함수가 음이 아닌 실수가 되도록 정의하는 것이 편리하다. 이와 같은 문제 때문에 수학자들은 함수를 일가 대응으로 제한하였다.

4) 함수의 개념은 넓고 유동적이다

고등학교에서 함수 학습은 정의역과 치역이 실수이고, 잘 알려진 공식으로 표현되는 전통적인 함수에 중점을 둔다. 주로 일차 함수, 이차 함수, 다항 함수, 이러한 함수의 역함수인 제곱근과 세제곱근 함수는 물론 지수 함수와 그 역함수로서의 로그 함수, 삼각 함수, 유리 함수를 다룬다. 하지만, 고등학교 수학에는 그 외의 다른 함수들도 등장한다. 계단 함수나 구간으로 정의된 함수와 같이 하나의 식으로 정의되지 않는 함수들도 있다. 수열과 같은 함수는 구간이 아니라 이산적인 집합(정수)에서 정의되기 때문에 전통적인 함수와 다르며, "연속적인 변화"를 갖지 않는다. 정의역과 치역이 실수가 아닌 함수들도 있다. 예를 들어, 직사각형의 넓이에 관한 함수는 직사각형의 가

필수 이해 1b

함수는 다양한 상황에 적용된다. 어떤 특별한 식이나 규칙적인 패턴을 설명할 필요는 없다. "연속적인 변화"가 아닌 경우도 함수가 된다. 예를 들어, 수열도 함수이다.

로와 세로의 길이를 변수로 갖는 이변수 함수이다. 필수 이해 1b에 설명되어 있듯이, 함수 개념은 이러한 함수와 그 외의 다양한 함수를 포함하는 폭넓은 개념이다.

❶ 하나의 공식으로 표현되지 않는 함수

함수를 공식으로 정의할 필요는 없다. 예를 들어, 묘목을 심은 후의 날짜와 묘목의 높이(cm)가 대응하는 함수는 일반적으로 식을 통해 설명되는 함수가 아니다(적당한 치역 내에서는 근사식을 구할 수도 있을 것이다).

[생각해보기 1.5]의 예 (a)에서처럼 정의역의 구간에 따라(piecewise) 다르게 정의된 함수도 있다. 구간에 따라 정의된 함수가 이상하게 보일 수도 있겠지만, 이러한 예는 일상생활에서도 찾아볼 수 있다. 소포 요금을 예로 들어 보면 소포의 무게에 대한 함수는 계단 함수(step function)가 된다.

절댓값 함수는 하나의 식 $y=|x|$으로 표현되지만 이 함수 또한 구간에 따른 함수이다.

$$y=\begin{cases} x\,(x \geq 0) \\ -x\,(x<0) \end{cases}$$

학생들은 이 함수가 음의 값을 가지는 것처럼 보기 때문에 이 함수를 절댓값 함수로 인식하지 않는 경우가 많다. $-(-3)=3$과 같은 예는 구간에 따라 정의된 함수가 절댓값 함수임을 이해하는 데 도움이 된다.

❷ 전통적이지 않은 함수인 수열

수열이란 5, 9, 13, 17, 21, ⋯ 혹은 1, $\frac{1}{2}$, $\frac{1}{4}$, $\frac{1}{8}$, $\frac{1}{16}$, $\frac{1}{32}$, ⋯과 같이 항(보통은 수)을 차례로 나열한 것 또는 [그림 1.2]의 점 패턴의 수열과 같은 패턴의 수열이다.

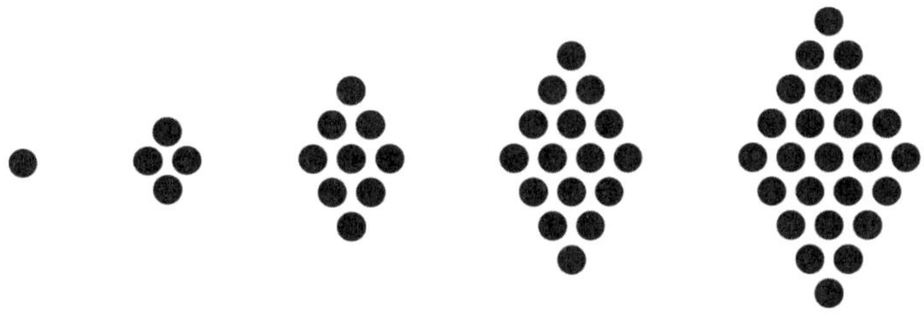

[그림 1.2] 증가하는 점 패턴 수열

대부분 그렇게 생각하지 않지만, 수열은 정의역이 자연수인 함수(수열이 "0번째 항"부터 시작되면 정의역을 음이 아닌 정수로 정할 때도 있다)이다(필수 이해 1b 참고). 자연수의 집합을 N이라 하자. 수열 a_1, a_2, a_3, $\cdots$(a_n은 실수)은 함수 $f: N \to R$, $f(n) = a_n$으로 정의된다. 이러한 관점에서 보면, 수열의 대부분은 정의역이 실수 전체인 함수에서 자연수의 집합으로 제한함으로써 얻게 되는 함수라는 것을 알 수 있다. 예를 들어, 수열 5, 9, 13, 17, …은 $f(1)=5$, $f(2)=9$, $f(3)=13$, $f(4)=17$, …이기 때문에 $f(x)=4x+1$인 함수 f의 정의역을 자연수의 집합으로 제한한 것으로 볼 수 있다.

실수 전체에서 정의된 함수에서 정의역을 자연수의 범위로 제한하면 수열을 얻을 수 있기 때문에 수열을 분석하는 것은 실수 전체에서 정의된 함수를 분석하기 위한 첫 번째 단계가 될 수 있다. 나중에 이러한 내용을 다시 다루겠지만, 등차수열은 일차 함수의 정의역을 자연수로 제한한 것이고, 등비수열은 지수 함수의 정의역을 자연수로 제한한 것이다. 그러나 가장 중요한 것은 수열을 분석할 때 적용하는 논리의 대부분이 실수 전체에서 정의된 함수를 분석하는 논리를 단순화시킨 것이라는 점이다. 따라서 수열을 분석하는 것은 함수를 분석하기 위한 좋은 시작점이 된다.

> **필수 이해 1b**
> 함수는 다양한 상황에 적용된다. 어떤 특별한 식이나 규칙적인 패턴을 설명할 필요는 없다. "연속적인 변화"가 아닌 경우도 함수가 된다. 예를 들어, 수열도 함수이다.

❸ 매개변수 방정식

방정식 $x^2+y^2=1$을 만족하는 평면 위의 점들의 집합은 단위원이 된다. 그러나 이 방정식에서 y는 x의 함수가 아니다.

그렇지만 실수가 단위원으로 대응하는 그런 함수가 존재한다. 그 중 한 예가 실수 θ에 점 $(\cos\theta, \sin\theta)$가 대응되는 함수이다. 이 함수의 정의역은 실수 전체이지만 치역은 실수가 아니라 평면상의 단위원이다(필수 이해 1c 참고). 이 함수는 단위원 둘레에 수직선을 무한히 많이 감은 함수로 생각할 수 있다. 이런 방식에서 단일변수는 원의 매개 변수 역할을 한다. 즉, 수직선이 원을 "매개화"한다.

필수 이해 1c

함수의 정의역과 치역은 반드시 수일 필요는 없다. 예를 들면, 2×2 행렬은 정의역과 치역이 이차원 벡터 공간인 함수로 볼 수 있다.

단위원을 매개화하기 위한 다른 방법은 피타고라스 수를 만들어내는 것이다. 점 $(-1, 0)$을 지나고 y축과 평행하지 않은 모든 직선을 생각하자. 각각의 직선은 $(-1, 0)$이 아닌 다른 한 점에서 원과 만난다. 결과적으로 $(-1, 0)$을 지나고 기울기가 t인 직선이 원과 만나는 점을 실수 t에 대응시켜 실수 전체의 집합을 단위원으로 보내는 함수를 정의할 수 있다. [생각해보기 1.6]에서 이 상황을 탐구하자.

생각해보기 1.6

$(-1, 0)$를 지나고 기울기가 t인 직선과 단위원의 교점 중 $(-1, 0)$이 아닌 점을 (x, y)로 두자. t에 대한 함수로서 x좌표와 y좌표를 설명하는 방정식을 나타내어라.

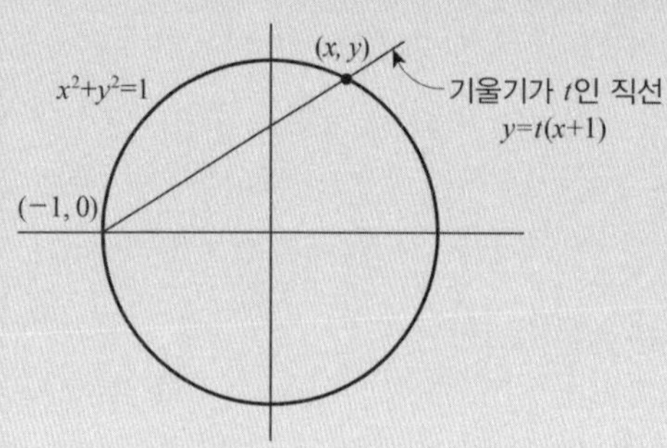

[생각해보기 1.6]에서 x좌표와 y좌표는 다음과 같이 나타낼 수 있다.

$$x = \frac{1-t^2}{1+t^2},\ y = \frac{2t}{1+t^2}$$

$y=t(x+1)$을 $x^2+y^2=1$에 대입하면 위의 x좌표와 y좌표를 구할 수 있다. 즉, x에 대한 이차 방정식 $x^2+t^2(x+1)^2=1$에서 근의 공식을 이용하여 x를 t에 관한 식으로 나타낼 수 있다. 이 좌표들이 피타고라스 수와 밀접한 연관이 있다는 점에 주목하자. t가 자연수이고 $a=t^2-1$, $b=2t$, $c=1+t^2$이라 둘 때, $a^2+b^2=c^2$가 성립하고 a, b, c가 피타고라스 수를 이룬다[1]. 서로소인 자연수 p와 q에 대해 p/q로 나타내어지는 양의 유리수를 t라고 하면 a, b, c는 p^2-q^2, $2pq$, p^2+q^2으로 나타낼 수 있고 이를 이용하여 모든 피타고라스 수를 찾을 수 있다(피타고라스 수와 단위원에 대한 더 많은 논의를 하려면 Silverman [1997]을 참고하라).

❹ 함수로서의 합동 변환

평면의 합동 변환, 즉 평행 이동, 회전, 반사, 미끄럼 반사는 평면에 평면이 대응하는 함수이다. 이 함수들은 기하학에서 중요하지만 실수에서는 정의되지 않는다(필수 이해 1c).

사실 고등수학적 관점에서 볼 때, 공간 위에 "거리를 보존하는 함수들"은 공간의 기하학을 정의하는 것이다. 일반적으로 수학자들은 공간 자체를 연구하기 위해 공간상의 함수들을 연구하기도 한다.

필수 이해 1c

함수의 정의역과 치역은 반드시 수일 필요는 없다. 예를 들면, 2×2 행렬은 정의역과 치역이 이차원 벡터 공간인 함수로 볼 수 있다.

❺ 함수로서의 행렬

행렬은 실수로 정의되지 않지만 중요한 함수이다(필수 이해 1c). 행렬의 주요 목적은 연립 일차 방정식을 푸는 것이다. 연립 일차 방정식의 풀이에 관한 이론을 이해하기 위해 행렬을 함수로 보는 것이 도움이 된다.

---

1) [역자 주] $x^2+y^2=1$에 $x=\dfrac{1-t^2}{1+t^2}$, $y=\dfrac{2t}{1+t^2}$을 대입하여 정리하면 $(t^2-1)^2+(2t)^2=(1+t^2)^2$이 된다.

2×2 행렬이 평면에서 평면으로 대응되는 함수임을 보이기 위해 R^2를 이차원 유클리드 공간(평면), 즉 v_1, v_2가 실수인 모든 벡터 (v_1, v_2)의 집합이라 하자. 이차원 유클리드 공간을 (v_1, v_2)와 같이 행벡터로 볼 수도 있고, $\begin{pmatrix} v_1 \\ v_2 \end{pmatrix}$와 같이 열벡터로 볼 수도 있다. 상황에 따라 적절히 선택할 수 있다. 모든 원소가 실수일 때 2×2 행렬 $A = \begin{pmatrix} a_{11} & a_{12} \\ a_{21} & a_{22} \end{pmatrix}$는 정의역과 치역이 모두 R^2인 함수로 $A : R^2 \to R^2$로 쓸 수 있다. 행렬 A는 R^2에서 입력 벡터값 $v = \begin{pmatrix} v_1 \\ v_2 \end{pmatrix}$를 R^2에서 출력 벡터값 A_v에 대응시키는 역할을 한다.

$$A_v = \begin{pmatrix} a_{11} & a_{12} \\ a_{21} & a_{22} \end{pmatrix} \begin{pmatrix} v_1 \\ v_2 \end{pmatrix} = \begin{pmatrix} a_{11}v_1 + a_{12}v_2 \\ a_{21}v_1 + a_{22}v_2 \end{pmatrix}$$

이런 방식으로 행렬 A는 평면에 평면이 대응되는 함수로 볼 수 있다. 실수에 실수가 대응하는 함수는 수학 전반에 걸쳐 아주 많은데 지금까지는 여러 가지 함수 중 몇 가지 예만 제시하였다.

핵심 아이디어 2

공변과 변화율

Big idea

함수를 이용하여 관련된 양들이 서로 어떻게 변하는지를 설명할 수 있다. 한 양이 변할 때 다른 양이 변하는 비율을 보고 다양한 관계를 분류·예측하고 그 성질을 밝힐 수 있다.

실수에 실수가 대응하는 함수의 주된 용도 중 하나는 한 양이 변함에 따라 다른 양도 함께 변하는 실세계 상황을 모델링하는 것이다. 예를 들면, 물체가 떨어진 거리는 물체가 떨어지는 데 걸리는 시간에 종속된다. 함수에 대해 설명할 때 특정한 함숫값을 제시해 주는 것이 훨씬 더 효율적이다(필수 이해 2a).

필수 이해 2a
실수에서 실수로의 함수에서 어떤 공변의 패턴이나 두 변수가 함께 변하는 패턴은 특정 함수족의 성질을 나타내고 그 함수가 가지는 공식의 유형을 결정한다.

더욱이 함수를 함수족의 원소로 인식하기 위해서는 함수의 출력값이 입력값에 따라 변하는 방식에 주목해야 하는데 이 방식을 알려면 **공변**에 주목해야 한다. 함수의 변화율, 즉 입력값의 변화에 대한 출력값의 변화율은 공변에 대한 아이디어를 수량화한 것이다(필수 이해 2b).

필수 이해 2b
변화율은 한 변량이 변함에 따라 다른 변량이 어떻게 변하는지 설명한다. 즉, 변화율은 두 변수 사이의 공변을 설명한다.

1) 공변

함수에 대한 다음 표에서 가장 의미 있고 관찰하기 가장 쉬운 것은 무엇인가? [그림 1.3]의 함수 f의 표를 살펴보자. 무엇을 알 수 있나? 이것은 무엇을 의미하는가?

x	$f(x)$
-1	1
0	1
1	3
2	7
3	13
4	21

[그림 1.3] 함수 $f(x)$에 대한 표

위의 표에서 가장 쉽게 관찰할 수 있는 특징은 두 열이 변하는 방식에 있다. 두 개의 변량이 함께 변하는 방식에 초점을 두는 것이 **공변 관점**이다. 공변 관점에서 볼 때, "함수는 데이터 값의 패턴을 통해 독립적으로 생성된 두 수열의 병렬로 이해할 수 있다"(Confrey & Smith, 1995, p.67). 공변 관점을 택하면 x와 $f(x)$ 사이의 규칙에 초점을 두는 대신 "두 자료열의 공변"을 조사한다(p.78). 즉, 하나의 변수에서 변화가 다른 변수에서의 변화와 어떤 관련이 있는지를 조사한다. [생각해보기 1.7]의 문제 (a)는 이런 관점을 보여준다.

생각해보기 1.7

a. 공변 관점에서 [생각해보기 1.5]의 (d)에서 나타난 관계를 살피는 데 무엇을 조사할 것인가? (아래의 표는 [생각해보기 1.5]의 (d)에 제시된 표이다)

x	y
−2	4
−1	1
0	0
1	1
2	4
3	9
4	16

b. **대응 관점**에서 관계를 살피기 위해 무엇을 조사할 것인가?

공변 관점에서는 두 변수가 어떻게 함께 변하는지 그 패턴에 집중한다. 예를 들어, 표에 제시된 두 열의 변화량에 주목하여 [생각해보기 1.5]의 (d)에 제시된(위의 [생각해보기 1.7]에 다시 제시된) 표에서의 관계를 조사할 수 있다. x가 1씩 증가함에 따라 y가 일정하지 않은 양으로 증가한다는 것을 관찰할 수 있다. [생각해보기 1.5] (d)의 함수에서 나타나는 특별한 공변 패턴은 이 책에서 나중에 더 자세히 살펴볼 이차 함수의 특징이다.

[생각해보기 1.7]의 문제 (b)는 다른 관점을 요구한다. 공변 관점과는 대조적으로 함수의 **대응 관점**은 한 집합에서 다른 집합으로의 대응에 초점을 둔다. 이 관점에서 보면, [생각해보기 1.5]의 (d)의 관계는 x에서 y로($-2\rightarrow 4$, $-1\rightarrow 1$, $0\rightarrow 0$ 등)의 대응으로 볼 수 있다. 또한 이 대응은 $y=x^2$으로 나타낼 수 있다.

최근 함수 개념을 폭넓게 이해하기 위해 공변 관점이 중요한 첫 번째 단계라는 견해에 대한 합의가 확대되어 왔다. NCTM(1989, 2000)의 규준에서도 공변 또는 종속 관계로서 함수를 강조한다.

공변으로서의 함수를 강조하는 것은 학생들이 함수 상황에 관련된 문제를 조사할 때, 관계를 일반화하기 전에 공변 관점을 이용하는 경향이 있다는 연구 결과와 일치한다(Confrey & Smith, 1994, 1995). Smith (2003)의 주장에 따르면 공변 접근 방법은 이후 대수적으로 표현될 수 있는 대응관계를 개발하기 위한 기초를 제공한다(p.145). 예를 들어, [그림 1.4]의 표에 있는 두 열의 자료를 좌표화하고(즉, 두 열의 패턴을 동시에 보는 것) 학생들은 공변 접근 방법을 이용하여 변화율을 설명할 수 있다(Confrey & Smith, 1995). x가 기본 단위만큼 변할 때 $f(x)$가 5씩 증가한다는 것을 인식함으로써 학생들은 x와 $f(x)$ 사이의 일차 관계를 설명하기 위한 대수식을 세울 준비가 된다.

x	$f(x)$
-2	-10
0	0
2	10
4	20
6	30
8	40

[그림 1.4] 두 열의 자료를 “연결하여” 변화율을 결정하는 공변 접근

함수의 공변 관점은 이후 수학의 이해를 도울 것이다. 대학생들의 함수에 대한 이해를 연구하면서 공변 관점이 미적분학의 핵심 개념을 이해하고 실생활에서 평균변화율과 순간변화율을 해석하고 추리하는데 필수적이라고 제안한 학자들도 있다(Carlson & Oehrtman, 2005).

2) 변화율

함수에서 변화율의 개념은 두 변수의 공변을 설명하고 수량화하는 방법을 제공한다.

❶ 평균변화율과 순간변화율

변화율이란 무엇인가? 예를 들어 보자. 낮 12시부터 비가 내리기 시작했고, 오후 2시부터 6시까지 총 12mm의 비가 내렸다고 하자. (적어도) 오후 12시와 6시 사이에는 일정 정도의 비가 내렸다(비가 내리기 시작했을 때부터 측정한 것이다). 그러므로 "강수량 함수"에서 x를 비가 내리기 시작했을 때부터 걸린 시간으로(따라서 x는 0에서 6 사이에 있다), y는 그 시간까지 내린 비의 총량으로 생각할 수 있다. 이때 "어떤 비율로 비가 내리고 있는가?" 또는 "강수량 함수의 변화율이 얼마인가?"라고 물을 수 있다. [생각해보기 1.8]의 질문을 생각해보자.

생각해보기 1.8

오후 2시부터 6시까지 강수량 함수의 평균변화율은 얼마일까?
이 평균변화율은 2시부터 3시까지, 3시부터 4시까지, 4시부터 5시까지, 5시부터 6시까지 내린 비의 양에 대하여 어떤 정보를 주는가?

4시간 동안 12mm의 비가 내렸으므로 2시부터 3시, 3시부터 4시, 4시부터 5시, 5시부터 6시까지 4시간 동안 내린 강수량의 평균은 3mm일 것이다. 이것은 시간당 3mm의 비가 내렸다는 것을 의미하는 것이 아니다(처음에 더 많은 비가 내리고 점점 비가 적게 내렸을 수도 있다). 하지만 1시간 동안 내린 강수량의 평균은 3mm이다. 따라서 오후 2시와 6시 사이의 강수량 함수의 평균변화율은 시간당 3mm라고 할 수 있다. 강수량 함수의 평균변화율은 2시부터 6시까지 강수량 함수의 변화량 12mm를 이 변화가 일어나는 데 걸린 4시간으로 나누어 구할 수 있다.

같은 방법으로, 구간 $[a, b]$에서 정의된 어떤 (실수의 값을 갖는) 함수 f에서 그 구간에서의 함수의 **평균변화율**은 a에서 b까지 함숫값의 변화를 a에서 b까지 구간의 길이로 나눈 것이라고 할 수 있다(이 책에서는 "평균변화율" 대신 "변화율"을 사용할 것이다). a에서 b까지 함숫값의 변화는 $f(b)-f(a)$이고, a에서 b까지 구간의 길이는 $b-a$이므로, 구간 $[a, b]$에서 f의 평균변화율은

$$\frac{f(b)-f(a)}{b-a}$$

이다.

평균변화율을 설명하는 또 다른 방법은 출력값의 변화량을 입력값의 변화량으로 나누는 것이다. 그래프에서 출력값의 변화량을 입력값의 변화량으로 나눈 값을 "기울기(rise over run)"라고 쓰는데 이것은 $(a, f(a))$와 $(b, f(b))$를 지나는 직선의 기울기이다. [그림 1.5]를 참조하라.

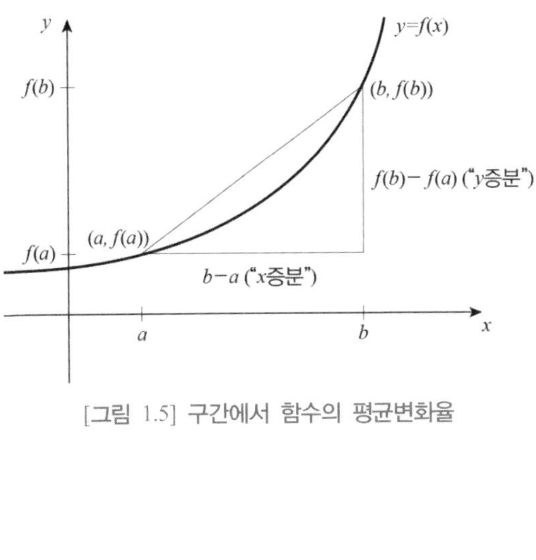

[그림 1.5] 구간에서 함수의 평균변화율

함수와 그 함수의 변화율 사이의 관계에 대한 연구는 미적분학의 핵심이다. 미적분학에서는 평균변화율의 구간을 점점 더 작게 만들어 구한 **순간변화율**을 공부한다. 예를 들어, [그림 1.6]에서와 같이 b를 a로 계속 움직여 점 $(b,\ f(b))$가 곡선을 따라 점 $(a,\ f(a))$에 가깝게 미끄러져 내려가면 평균변화율은 순간변화율에 가까워질 것이다. a를 입력했을 때의 함수 f의 순간변화율은 a에서의 함수 f의 **미분계수**라고 한다. 함수 f의 그래프에서 미분계수는 a에서의 함수 f의 **접선**의 기울기이다. 접선은 흔히 그래프를 스쳐 지나간다고 말하는 직선이며 $(a,\ f(a))$에서의 그래프의 방향과 같은 방향으로 나아간다. b가 a에 가깝게 다가가면 $(b,\ f(b))$가 $(a,\ f(a))$에 가깝게 다가가고, 그림에서 색칠된 선으로 나타난 바와 같이 $(a,\ f(a))$와 $(b,\ f(b))$ 사이의 선의 기울기가 $(a,\ f(a))$에서의 접선의 기울기에 가까워진다. [생각해보기 1.8]의 강수 함수의 경우 순간변화율은 주어진 시간에서의 강수량의 비율을 의미한다.

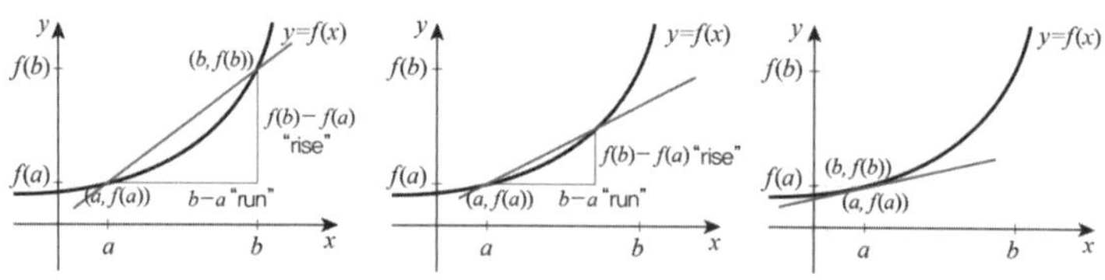

[그림 1.6] 한 점에서 함수의 순간변화율

❷ 변화율 대 변화

앞에서 보았듯이 함수의 변화율은 차이가 아니라 비율이다. 만약 학생들이 입력값이 1씩 증가하는 표로 공부를 했다면, 그들은 출력값의 **변화량**에만 집중하고 **변화율**에 대한 생각을 하지 못할 것이다. 함수에서 함숫값의 변화와 변화율의 차이를 강조하기 위해서, 교사들은 학생들의 변화와 변화율에 대한 관심이 문제상황을 해석하는 데 의미가 있도록 상황을 만들 수 있다. 그 예로 [생각해보기 1.9]의 질문에 대해 생각해보자.

생각해보기 1.9

공원 관리인이 호수의 수위를 같은 장소에서 몇 주에 걸쳐 측정하여 그 결과를 다음과 같이 표에 기록하였다.

날짜	호수의 수위(m)
7	15.29
14	15.43
28	15.57
35	15.71
42	15.85

a. 7일부터 14일까지의 수위의 변화는 어떻게 되는가?
b. 14일부터 28일까지의 수위의 변화는 어떻게 되는가?
c. 7일부터 14일까지의 수위의 평균변화율은 어떻게 되는가? 14일부터 28일은? 7일부터 42일은?

[생각해보기 1.9]의 상황에서, 7일부터 14일까지의 수위의 변화량은 0.14m이고, 14일부터 28일까지의 수위의 변화량도 0.14m이다. 하지만 7일부터 14일까지의 평균변화율은 1일당 0.02m이고, 14일부터 28일까지의 평균변화율은 1일당 0.01m이다. 이는 기간이 다르기 때문에 변화율 또한 다르다(7일과 14일이 다른 것처럼). 표의 "호수의 수위" 열에만 집중하고, "날짜" 열의 변화에는 신경을 쓰지 않은 학생들은 변화율의 차이를 인식하기가 쉽지 않다. "호수의 수위"의 **차이**가 모두 0.14m임에도 불구하고, 변화율은 다르다. 이런 문제에 대한 경험을 통해 학생들은 필수 이해 2b의 개념을 발전시킬 수 있을 것이다.

필수 이해 2b

변화율은 한 변량이 변함에 따라 다른 변량이 어떻게 변하는지 설명한다. 즉, 변화율은 두 변수 사이의 공변을 설명한다.

❸ 변화율과 함수식

함수의 변화율은 그 함수가 실생활 상황을 모델링하는 종류를 결정하는 중요한 특징 중의 하나이다(필수 이해 2c). 변화율은 함수식의 본질과 함수족의 일부인지를 결정하는 주요한 특

필수 이해 2c

함수의 변화율은 그 함수가 어떤 실세계 현상을 모델링할지 결정하는 주요 특징 중 하나이다.

> 필수 이해 2a
> 실수에서 실수로의 함수에서 어떤 공변의 패턴이나 두 변수가 함께 변하는 패턴은 특정 함수족의 성질을 나타내고 그 함수가 가지는 공식의 유형을 결정한다.

징 중의 하나이기도 하다. 이것은 필수이해 2a에서 설명하고 있듯이 등차수열, 등비수열, 기타 다른 함수들에 대해서도 이후에 알아보게 된다. 등차수열과 등비수열의 경우에는 어떻게 변화에 초점을 두면서 공변 관점을 이용하는지, 그리고 변수 사이의 대응을 설명하는데 있어서 어떻게 그 변화로부터 함수식을 유도하는지를 명백히 알 수 있다.

❹ 등차수열 : 변화율로부터 공식 유도하기

각 항이 이전 항보다 4씩 증가하는 수열 5, 9, 13, 17, 21, …은 등차수열이며, 각 항이 이전 항보다 0.5씩 감소하는 1.6, 1.1, 0.6, 0.1, −0.4, −0.9, −1.4 역시 등차수열이다. 일반적으로 각 항(첫 항 이후)이 이전 항에 m을 더하여 만들어지는 그런 상수 m(양수, 음수, 또는 0)이 존재할 때 이 수열을 **등차수열**이라고 한다. 등차수열은 "다음 항=현재 항+m"이라는 재귀적 규칙에 의해 만들어진 수열이라고 설명할 수 있다. 재귀적 규칙은 수열의 한 항(현재 항)에서 다음 항으로 넘어갈 때 어떻게 변화하는지를 알려준다. 즉, 등차수열의 N번째 항을 $A(N)$이라고 한다면, $A(N+1)=A(N)+m$이다. 함수 관점에서 보면 재귀적 규칙은 입력값이 1씩 증가함에 따라 출력값이 어떻게 변화하는지를 알려준다.

1, 4, 7, 10, 13, …과 같이 등차수열의 처음 몇 항을 쓰면 이전 항에서 다음 항으로 어떻게 변하는지를 알 수 있고 이것은 다음 몇 개의 항을 구하는데 가장 명확하고 유용한 방법이다. 하지만 100번째 항을 구하고 싶다면 어떻게 해야 할까? 이러한 경우 그 수열을 나타내는 공식을 알아야 한다. 즉, N번째 항을 나타내는 N에 관한 공식, 다시 말해 수열 내 위치와 항이 어떻게 관련되는지 알려주는 공식을 알아야 한다. 등차수열에서 이러한 공식을 추정하는 것은 쉬운 일일지도 모른다. 하지만 공식을 구하고 그 식이 왜 타당한지를 설명할 수 있는 체계적인 방법은 따로 존재한다. 이 방법이 모든 일차 함

수가 $mx+b$ 형태를 가지는지를 설명하는 보다 단순화된 추론이라는 것은 이 책의 뒷부분에서 알게 될 것이다. [생각해보기 1.10]에서는 두 개의 간단한 등차수열에 대해 알아본다.

생각해보기 1.10

수열 1, 4, 7, 10, 13, …과 1, 5, 9, 13, 17, …에 대한 재귀적 규칙을 설명하라.
수열의 N번째 항을 N에 관한 공식으로 나타내어라(식을 짐작해도 된다).
재귀적 규칙과 N번째 항을 구하는 공식 사이에 어떠한 연관성이 있는가?
N번째 항을 구하는 식이 모든 항에 적용될 수 있는지 이유를 설명하라.

아마도 등차수열에서 한 항을 다음 항으로 변화하는 양(즉, 다음 항=현재 항$+m$에서 m)이 등차수열의 N번째 항을 구하는 공식에서 N의 계수와 같다는 사실을 알 수 있을 것이다. 왜 그래야만 하는지 설명하겠다. 이 중요한 일련의 추론 과정을 이해하기 위해 예를 들어보자. 한 항에서 다음 항으로 넘어갈 때 4씩 증가하여 다음 항=현재 항+4라는 재귀적 규칙을 가지고 있는 3, 7, 11, 15, …라는 등차수열을 떠올려 보자. 수열의 첫 번째 항은 3이고, 두 번째 항은 3보다 4가 큰 7이며, 세 번째 항은 7보다 4가 큰 11이고 이러한 규칙이 반복된다. 만약 수열이 0번째 항을 가지고 있다면, 그 값은 얼마가 될 것인가? 0번째 항에 4를 더하면 첫 번째 항인 3이 나와야 하기 때문에, 0번째 항의 값은 -1이 될 것이다. 이제 0번째 항에서 시작해서 수열의 각 항을 구하는 방법을 생각해보라. [그림 1.7]을 참고하라(첫 번째 항에서 시작하는 것도 가능하지만, 일차 함수를 나타내는 식과 연결하기 쉽기 때문에 0번째 항에서부터 시작한다). 규칙을 보면 첫 번째 항을 구하기 위해서, -1에 4를 한 번 더한다.
두 번째 항을 구하기 위해서, -1에 4를 두 번 더한다.
세 번째 항을 구하기 위해서, -1에 4를 세 번 더한다.
일반적으로 N번째 항을 구하기 위해서, -1에 4를 N번 더한다.

따라서 N번째 항은 $-1+4N$ 또는 $4N-1$이다.

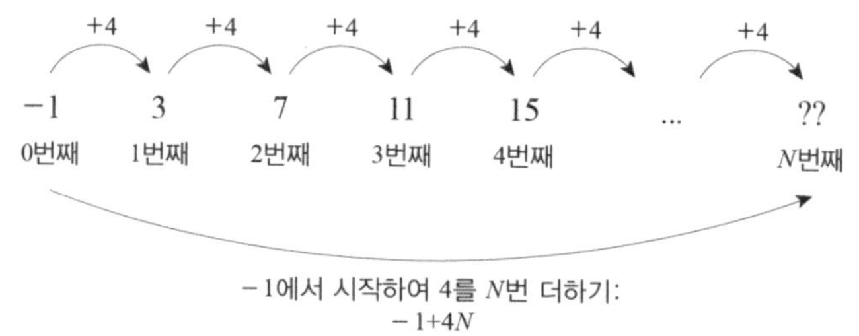

[그림 1.7] 공식을 도출하기 위해 등차수열의 변화 이용하기

앞에서 설명한 추론은 등차수열이 다음 항=현재 항$+m$이라는 재귀적 규칙에 의해서 변화하고, 0번째 항이 b(첫 번째 항에서 m을 빼서 얻어지는 값)라면, 수열의 N번째 항을 구하는 공식은 $mN+b$라는 사실을 설명했다. 반대로 수열의 N번째 항을 $mN+b$라고 표현하는 상수 m과 b값이 존재하고 그 수열이 $m+b$, $2m+b$, $3m+b$, $4m+b$, $\cdots$와 같다면 이 수열은 한 항에서 다음 항으로 m을 더해서 변하고 결과적으로 이것은 등차수열이다.

요약하면, 등차수열은 양의 정수를 정의역으로 갖는 함수족을 만든다고 할 수 있다. 필수 이해 2a에서 보여주듯이, 등차수열이 한 항에서 다음 항으로 넘어가는 방식은 N번째 항이 N의 값에 영향을 받는다는 것을 보여주는 공식인 $mN+b$에서 중요한 역할을 한다. 만약 $mN+b$에서 N을 x로 대체하고 x의 값으로 (단순히 정수만이 아닌) 실수 전체가 된다고 하면,

필수 이해 2a

실수에서 실수로의 함수에서 어떤 공변의 패턴이나 두 변수가 함께 변하는 패턴은 특정 함수족의 성질을 나타내고 그 함수가 가지는 공식의 유형을 결정한다.

일차 함수를 나타내는 친근한 공식 $mx+b$를 얻을 수 있다(필수 이해 3f). 왜 모든 일차 함수가 이러한 형태의 식을 갖는지에 대해서는 나중에 알게 될 것이다.

필수 이해 3f
등차수열은 정의역이 양의 정수인 일차 함수로 볼 수 있다.

❺ 등비수열 : 변화율로부터 공식 유도하기

등비수열은 등차수열에서 덧셈을 곱셈으로 바꾼 것과 같다. 2, 6, 18, 54, …라는 수열은 각 항이 이전 항의 3배가 되는 등비수열이다. 수열 5, $\frac{5}{2}$, $\frac{5}{4}$, $\frac{5}{8}$, …은 각 항이 이전 항의 $\frac{1}{2}$배인 등비수열이다. 일반적으로 양의 상수 b가 존재하여 각 항이 이전 항에 (첫 항 이후) b를 곱하여 구할 수 있는 수열을 **등비수열**이라고 한다. 등비수열을 다음 항=현재 항 · b로 나타낼 수 있고, 이 재귀적 규칙은 전 항에서 다음 항으로 갈 때 함수가 어떻게 변화하는지를 보여준다. 함수 관점에서 보면 이 재귀적 규칙은 입력값이 1씩 증가함에 따라 함숫값이 얼마나 변화하는지를 보여준다.

등차수열처럼 등비수열도 모두 같은 형태의 공식으로 표현되는 함수족을 형성한다. 등비수열의 공식은 등비수열이 변화하는 방식에 따라 결정된다. 그리고 우리는 등비수열의 공식이 왜 그러한 형태를 띠고 있는지를 설명할 수 있다. [생각해보기 1.11]의 수열을 보자.

생각해보기 1.11

등비수열 10, 20, 40, 80, …과 5, $\frac{5}{3}$, $\frac{5}{9}$, $\frac{5}{27}$, …의 재귀적 규칙을 설명하여라.
수열의 N번째 항을 N에 대한 공식으로 나타내어라(처음에는 공식을 짐작해도 좋다).
재귀적 규칙과 공식 사이에 어떤 관계가 있는가? 공식이 모든 항에 대해 성립하는지 그 이유를 설명하여라.

등비수열 7, $\frac{7}{2}$, $\frac{7}{4}$, $\frac{8}{4}$, …을 생각해보자. 각 항(첫 항 이후)은 이전 항의 $\frac{1}{2}$배이다. 만약 수열에 0번째 항이 존재한다면 그 값은 14일 것이다. 왜냐하면 14에 $\frac{1}{2}$배를 하면 첫 항인 7이 되기 때문이다. 0번째 항인 14로부터 각 항을 구하는 방법이 무엇인지 생각해보자([그림 1.8] 참고). 다음 규칙을 관찰해보자.

첫 번째 항을 구하기 위해 0번째 항에 $\frac{1}{2}$을 한 번 곱하면 $14 \cdot \left(\frac{1}{2}\right)$.
두 번째 항을 구하기 위해 0번째 항에 $\frac{1}{2}$을 두 번 곱하면 $14 \cdot \left(\frac{1}{2}\right)^2$.
세 번째 항을 구하기 위해 0번째 항에 $\frac{1}{2}$을 세 번 곱하면 $14 \cdot \left(\frac{1}{2}\right)^3$.

일반적으로 N번째 항을 구하기 위해 0번째 항에 $\frac{1}{2}$을 N번 곱해야 하고, 이는 아래 그림에서도 드러나듯이 $14 \cdot \left(\frac{1}{2}\right)^N$이다.

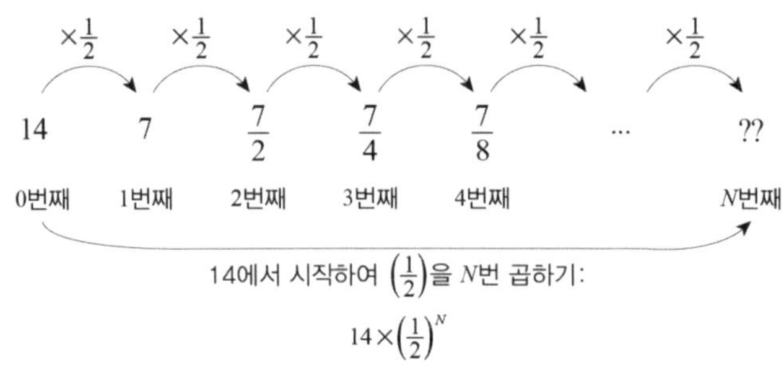

[그림 1.8] 공식을 도출하기 위해 등비수열의 변화 이용하기

앞에서의 추론을 통해 등비수열은 다음 항=현재 항 · b라는 재귀적 규칙에 따라 변하고, 0번째 항을 A라고 하면(첫 항을 b로 나누어 구한 값), 수열의 N번째 항은 공식 $A \cdot b^N$로 나타낼 수 있다. 역으로, 상수 A, b에 대하여 N번째 항이 $A \cdot b^N$이면, 이 수열은 $A \cdot b, A \cdot b^2, A \cdot b^3, \cdots$이고 각 항은 이전 항의 b배이므로 등비수열이다.

요약하면, 등비수열은 정의역이 자연수인 함수족을 형성한다고 말할 수 있다. 등비수열의 특징은 한 항에서 다음 항으로 고정값을 곱하는 데(혹은 나누는 데) 있다. 다시 말해서 등비수열은 어떤 양의 상수 b(1보다 작을 수도 있는)에 대하여 재귀적인 규칙 다음 항=현재 항 · b로 나타낼 수 있다. 재귀적 규칙에서 상수 b는 등비수열의 N번째 항을 구하기 위한 공식인 $A \cdot b^N$에서 중요한 성분이다. 특히, 필수이해 2a에서 설명하고 있듯이 수열이 변화하는 방식은 N번째 항이 어떻게 N에 종속되는지를 보이는 공식에서 주요한 역할을 한다. $A \cdot b^N$의 N을 x로 대체하고 x를 (자연수 대신) 모든 실수라 하면, 정의에 의해 $A \cdot b^x$(단, A와 b는 상수이면서, A는 0이 아니고, b는 양의 정수)라는 공식으로 표현되는 지수 함수(필수 이해 3g)가 된다.

참고 : 등차수열의 경우, 재귀적 규칙 다음 항=현재 항$+m$에서 m이 수열의 변화율이다. 하지만 등비수열의 경우, 재귀적 규칙 다음 항=현재 항 · b에서 b는 수열이 어떻게 변하는지 알려주고 공변의 관점에서 수열을 기술하지만 이는 수열의 실제 변화율이 아니다. 또한 등비수열의 경우 실제 변화율은 상수가 아니다.

필수 이해 2a

실수에서 실수로의 함수에서 어떤 공변의 패턴이나 두 변수가 함께 변하는 패턴은 특정 함수족의 성질을 나타내고 그 함수가 가지는 공식의 유형을 결정한다.

필수 이해 3g

등비수열은 정의역이 양의 정수인 지수 함수로 볼 수 있다.

핵심 아이디어 3

함수족과 실세계 현상을 모델링하는 함수족의 역할

Big idea

함수는 각기 독특한 특징을 가진 여러 종류의 함수족으로 분류될 수 있다. 여러 종류의 함수족을 이용하여 현실 세계의 다양한 현상을 모델링할 수 있다.

고등학교(대학교) 수학의 핵심은 다항 함수, 지수 함수, 로그 함수 그리고 삼각 함수 등 다양한 함수족의 탐구에 있다. 이러한 함수족 내에 하위 함수족이 있고, 하위 함수족에도 다른 함수족이 존재하기도 한다. 예를 들면, 다항 함수에서 이차 함수와 일차 함수는 특히 중요하다. 일차 함수 중에 정비례 함수($y=mx$ 꼴)가 하위 함수족을 이룬다. 같은 함수족에 속하는지를 판단하는 가장 분명한 방법은 식의 유사성을 보는 것이다. 예를 들면, 모든 일차 함수는 $f(x)=mx+b$ (단, m, b는 상수) 꼴의 공식으로 표현된다. 하지만 같은 함수족 내의 함수들은 전반적으로 특정 성질을 공유하고 그들이 모델링하는 상황을 통해 더 중요한 방식으로 연결되어 있다. 대체로 이러한 성질들과 함수들이 모델링하는 실세계 상황의 양상은 입력값이 변함에 따라 함수의 출력값이 바뀌는 방식(즉, **공변** 혹은 **변화율**)과 관련 있다. 필수 이해 2c와 3a에서 이를 설명한다. [생각해보기 1.12]에서 함수들의 변화율을 관찰해보자. 각 함수는 어떤 함수족에 속하는가?

필수 이해 2c

함수의 변화율은 그 함수가 어떤 실세계 현상을 모델링할지 결정하는 주요 특징 중 하나이다.

필수 이해 3a

함수족의 원소는 동일한 변화율의 유형을 공유한다. 이런 변화율의 특징은 그 함수가 모델링하는 실세계 현상의 종류를 결정한다.

생각해보기 1.12

다음 함수들에 대하여 (표가 주어지지 않은 경우) 값들을 표로 나타내고, (그래프가 주어지지 않은 경우) 그래프 위에 점들을 찍은 후 표와 그래프를 모두 사용하여 각 함수의 **변화율**을 논의하여라.

각 관계는 어떤 함수족에 속하는가? 그리고 그것을 어떻게 결정하였는가?

a. 입력값 x와 출력값 y의 관계가 $y = 5x^2 + 3$인 함수

b. 2010년 인구 조사에 따르면 Smallville의 인구는 40,000명이다. 사회과학자들은 앞으로 20년 동안 그 도시의 인구가 매년 5%씩 증가할 것이라고 예측한다. P는 함수이고, $P(t)$를 지금으로부터 t년 후 Smallville의 예상 인구라고 하자(단, t는 0과 20 사이의 값).

c. 영화관의 운영비는 하루 $1,025이고 표 한 장에 $7.5라고 한다. 영화관의 하루 수익은 그 날 판매한 표의 수에 달려 있다. 이때 P를 함수로 놓고 영화관이 하루에 T장의 표를 판매할 경우 얻는 수익을 $P(T)$라고 하자.

d. 입력값과 출력값이 다음 표와 같은 함수

D	M
7	15.29
14	15.43
21	15.57
28	15.71
35	15.85

e. 그래프가 다음과 같은 함수

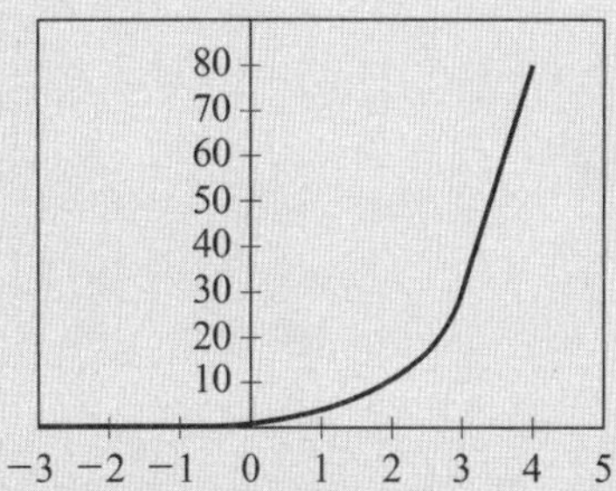

f. Fred는 어떤 크기의 피자를 구입하는 것이 가장 적당할지를 결정하려고 한다. 그는 피자의 넓이와 지름 사이에 어

떤 관계가 있는지 궁금해졌다. $A(r)$이라는 함수를 반지름이 r인 원형 피자의 넓이라고 하자.

[생각해보기 1.12]의 여섯 개의 함수 관계는 고등학교 수학과 교육과정에서 가장 흔한 함수족인 일차 함수, 이차 함수, 지수 함수에 속한다. (c)와 (d)는 일차 함수로, (a)와 (f)는 이차 함수로, (b)와 (e)는 지수 함수로 나타낼 수 있다. 이 절에는 이러한 함수의 예와 종류를 논의한다. 물론 이러한 함수족을 고등학교 수학에서 일반적인 다른 함수족(로그 함수와 주기를 가진 삼각 함수 등)처럼 분류하는 목적은 실세계 맥락 등 다양한 상황에서 나타나는 변화의 본질을 살피는 데 있다. 전형적인 변화 패턴에 익숙해지면 다양한 문제 상황을 여러 함수로 표현하고 해석하여 함수를 구성하는데 도움이 된다. 예를 들어, 다양한 함수의 규칙과 그래프에 대한 지식은 자료의 패턴에서 모델을 찾고 그러한 패턴의 작용을 이해하는 데 도움이 된다. 가장 중요한 점은 다양한 함수족의 패턴이 수학적 변화를 기술하기 위한 유기적 도구를 제공한다는 것이다.

1) 일차 함수

학생들이 가장 먼저 배우는 함수는 일반적으로 **일차 함수**이다. 정의에 따르면, 어떤 함수의 그래프가 직선일 때 그것을 **일차 함수**라고 한다. [생각해보기 1.13]은 이 기하학적 정의에 초점을 맞춘 것이다.

생각해보기 1.13

그래프가 직선일 때 그 함수를 일차 함수라고 한다면 그것은 그래프의 관점에서 **기하학적**으로 일차 함수를 정의하는 것이다. 우선 이러한 정의에 대해 떠오르는 의문점들을 생각해보라. 만일 일차 함수를 특징짓는 다른 방법이 있다면, 그러한 특징이 같은 함수들의 집합을 만들어 낸다는 것을 확신할 수 있는가?

❶ 변화율이 일정한 일차 함수

함수 f가 일차 함수라고 가정하자. 정의에 따르면 이것은 $y=f(x)$의 그래프가 직선임을 의미한다. 이러한 함수의 변화율은 무엇인가? 이 질문에 답을 할 때 수평의 "x의 증분" 선분, 수직의 "y의 증분" 선분, 그리고 함수 그래프의 일부로 만들어지는 서로 닮은 "기울기 삼각형"들은 답을 하기 위한 열쇠이다. [그림 1.9]에서 △ABC와 △DEF가 바로 기울기 삼각형의 예이다.

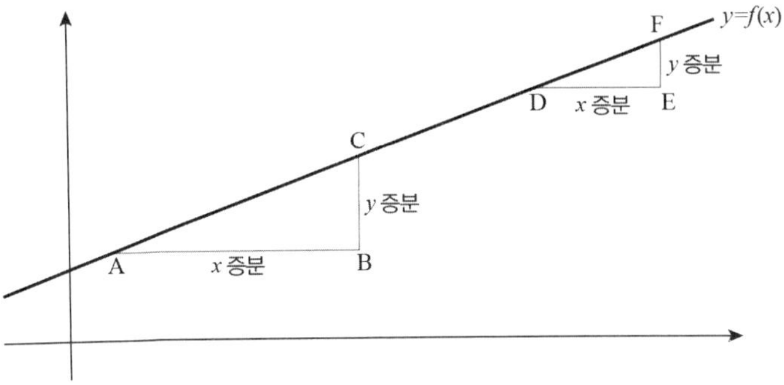

[그림 1.9] 일차 함수의 기울기 삼각형

△ABC와 △DEF에서 두 직선이 평행하므로 두 각의 크기가 같고 따라서 두 삼각형은 닮은 도형이다. 즉, ∠A와 ∠D는 각각 x축에 평행인 두 직선이 그래프와 만나 만들어지므로 크기가 같다. ∠B와 ∠E는 x축에 수직인 직선과 평행인 직선이 만나 이루어진 각, 즉 직각으로 서로 크기가 같다. 따라서 남아있는 각 ∠C와 ∠F도 크기가 같다(삼각형의 내각의 합은 $180°$이므로). △ABC와 △DEF는 서로 대응하는 각의 크기가 같으므로 닮음이고, 따라서 $\frac{y\text{의 증분}}{x\text{의 증분}}$의 비율은 두 삼각형에서 동일하다. $\frac{y\text{의 증분}}{x\text{의 증분}}$은 함수의 변화율인 $\frac{\text{출력값 변화량}}{\text{입력값 변화량}}$이므로 일차 함수에서 이 변화율은 일정하다. 이것이 필수 이해 3b에서 보여주는 것이다. $\frac{y\text{의 증분}}{x\text{의 증분}}$의 일정한 비율이 바로 직

필수 이해 3b

일차 함수는 일정한 변화율로 특징지어진다. "기울기 삼각형"의 닮음에 대한 추론은 일차 함수가 일정한 변화율을 가지고, 함수식이 $f(x)=mx+b$(m, b는 상수)라는 것을 추정하게 한다.

선의 **기울기**라고 부르는 것으로 이는 직선의 가파른 정도의 측정값이다. 단, 학생들은 증가량이라는 용어를 사용함에도 불구하고 직선이 아래로 내려가는 형태일 때는 증가량이 음의 값을 지닌다는 것에 주의해야 한다.

위의 추론을 역으로 하면, 왜 일정한 변화율을 갖는 함수가 필연적으로 일차 함수인지 설명할 수 있다. 어떤 함수의 변화율이 일정하다고 가정할 경우, 함수 그래프 위의 두 점과 수평의 "x 증분" 선분과 수직의 "y 증분" 선분으로 만들어지는 임의의 기울기 삼각형은 모두 각 변의 길이의 비가 일정한 직각삼각형들이므로 서로 닮음이다. 모든 기울기 삼각형은 서로 닮음이므로 삼각형들의 대응각의 크기가 모두 같고 그래서 그래프는 직선이어야만 한다. 따라서 어떤 함수의 변화율이 일정하면 그래프는 직선이고, 그 함수는 일차 함수가 된다. 그러므로 우리는 일차 함수가 일정한 변화율을 특징으로 갖는다는 필수 이해 3b의 내용을 확인하였다.

> 필수 이해 3b
> 일차 함수는 일정한 변화율로 특징지어진다. "기울기 삼각형"의 닮음에 대한 추론은 일차 함수가 일정한 변화율을 가지고, 함수식이 $f(x)=mx+b$(m, b는 상수)라는 것을 추정하게 한다.

❷ $f(x)=mx+b$라는 공식을 가진 일차 함수

일차 함수를 그래프가 직선인 함수라고 기하학적 정의를 내렸다. 왜 그러한 함수는 반드시 $f(x)=mx+b$라는 친근한 공식을 갖는 것일까? 위와 같은 질문에 답하기 위한 열쇠는 기울기 삼각형을 통해 확인 가능한 변화율이다. 그래프가 직선의 형태를 띠는 함수 $f(x)$를 보면서 $f(x)=mx+b$에서는 왜 상수 m과 b가 존재하는지 생각해보자. $b=f(0)$(즉, y절편)이라고 가정하자(0이 f의 정의역 내에 존재한다고 가정하자. 그렇지 않으면 정의역 내에 다른 수를 골라 똑같이 논의하면 된다). m이 함수의 기울기, 즉 기울기 삼각형에서 만들어지는 일정한 $\frac{y\text{의 증분}}{x\text{의 증분}}$ 비율이라고 가정하자. 만약 $(x,\ y)$가 (y축 위에 있지 않은) 직선 위의 한 점이라면 $(0,\ b)$, $(x,\ b)$, $(x,\ y)$는 기울기 삼각형의 꼭짓점들이 된다([그림 1.10]을 참고). 이 삼각형을 이용하면 기울기가 $\frac{y-b}{x}$ 임을 볼 수 있다. 기울기는 언제나 상수 m, $\frac{y-b}{x}=m$과 같다. 이를 y에 대해서 정리하면 $y=mx+b$이다. 또한 $y=f(x)$이므로 $f(x)=mx+b$라고도 할 수 있다. 필수 이해 2a에서 설명한대로 일차 함수의 일정한 변화율이 일차 함수가 가지는 공식의 유형을 결정하는 것에 주목하자.

필수 이해 2a
실수에서 실수로의 함수에서 어떤 공변의 패턴이나 두 변수가 함께 변하는 패턴은 특정 함수족의 성질을 나타내고 그 함수가 가지는 공식의 유형을 결정한다.

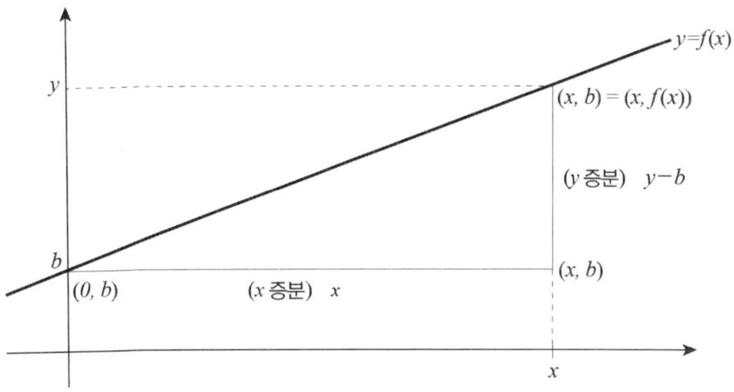

[그림 1.10] 일차 함수식을 찾기 위해 기울기 삼각형 사용하기

역으로 함수 f가 공식 $f(x)=mx+b$(m, b는 상수)로 주어진다면 함수의 변화율에 대해 무엇을 알 수 있는가? 만약 f의 정의역 안에 있는 임의의 두 값을 x에 대입했을 때, 이 두 값을 r과 s라 하면 r에서 s까지 f의 변화율은 다음과 같다.

$$\frac{f(s)-f(r)}{s-r}=\frac{(ms+b)-(mr+b)}{s-r}=\frac{m(s-r)}{s-r}=m$$

따라서 이 함수는 일정한 변화율을 가지며 그래프는 직선이다. [생각해보기 1.14]는 $mx+b$ 형태의 공식을 갖는 일차 함수와 $mN+b$ 형태의 공식을 갖는 등차수열 간의 관계에 대해서 조사한다.

생각해보기 1.14

일차 함수가 $mx+b$ 형태의 공식을 갖는지 설명하기 위해 우리가 사용한 추론과, 등차수열이 $mN+b$ 형태의 공식을 갖는지 우리가 사용한 이전의 추론을 비교해 보아라. 만약 등차수열을 함수라 생각하고 그래프를 그린다면 그 그래프는 어떤 모양을 갖는가?

❸ 일차 함수의 동치 표현

앞의 내용들을 통해 다음에 제시되는 함수 f(정의역, 치역은 실수)에 대한 서술이 모두 동치임을 알 수 있다.

- 함수 f의 그래프가 직선이다
- 그래프 상의 모든 기울기 삼각형은 닮음이다
- f의 변화율은 일정하다
- $f(x)=mx+b$에서 f의 정의역에 있는 모든 x에 대해 성립하는 상수 m과 b가 존재한다(상수 m은 f의 일정한 변화율이다)

필수 이해 3b

일차 함수는 일정한 변화율로 특징지어진다. "기울기 삼각형"의 닮음에 대한 추론은 일차 함수가 일정한 변화율을 가지고, 함수식이 $f(x)=mx+b$(m, b는 상수)라는 것을 추정하게 한다.

필수 이해 5d

함수의 대수적 표현과 기하적 표현 사이의 관계는 함수 사이의 관계와 변화를 다룰 때 특히 중요하다.

위의 일차 함수들을 관련짓기 위해 사용된 추론은 필수 이해 3b의 주요 내용이며 이는 일차 함수의 대수적 표현과 기하적 표현이 깊이 연결됨을 보여준다(필수 이해 5d).

❹ 실세계 상황들을 표현하는 일차 함수들

일차 함수들은 일정한 변화율을 가지고 있으며 많은 실세계 상황들을 묘사한다. 예를 들면 다음과 같다.

- 같은 값의 물건을 일정한 개수로 살 때의 비용(물건의 개수에 대한 함수가 비용이다)
- 일할 때 받는 고정된 시급의 임금(일한 시간에 대한 함수가 임금이다)
- 일정한 물줄기로 채워지는 욕조나 수영장(소요된 시간에

대한 함수가 부피이다)

- 일정한 속도로 학교에 걸어가는 학생의 걸어간 거리(소요된 시간에 대한 함수가 거리이다)

이러한 예들은 필수 이해 3a와 3b의 내용을 보여준다. 일차 함수로 표현되기 위해서는 각각의 상황들은 일정한 변화율을 가지고 있어야 한다. 여기서는 같은 값의 물건(값이 일정하다), 고정된 임금(시급이 일정하다), 꾸준한 물줄기(시간당 물이 채우는 부피가 일정하다), 꾸준한 속도의 걸음걸이(걷는 속도가 일정하다)를 말한다. 어떤 상황이 일차 함수로 표현된다면 입력값의 변화로 나눠지는 출력값의 변화(함수의 변화율)가 일정하다. 역으로, 상황이 일정한 변화율과 관련되면 이것은 일차 함수로 표현한다.

[생각해보기 1.12]의 (c)에 나온 상황을 구체적으로 생각해보자. 한 영화관은 표를 장당 $7.5에 팔고 하루 운영비로 $1,025의 비용이 든다. 표를 한 장씩 팔 때마다 수익은 일정하게 $7.5씩 증가한다. 일정한 $7.5의 변화율은 이 상황을 나타내는 표에서도 구할 수 있으며 심지어 입력값이 꼭 1씩 증가하지 않더라도 구할 수 있다. [그림 1.11]에 나와 있듯이 T의 값이 전 단계의 값보다 50씩 커지는 표를 생각해보자.

표에서 P의 연속적인 값들 간의 차이는 각각 $375이다. P는 T가 50씩 증가할 때마다 변한다. 그러므로 변화율은 판매되는 표당 $375/50=$7.50 이다.

	T	P	
	0	−$1025	
+50	50	−$650	+375
+50	100	−$275	+375
+50	150	$100	+375
+50	200	$475	+375
+50	250	$850	+375
+50	300	$1225	+375

[그림 1.11] T(팔린 표 개수)와 P(하루 운영비를 지불한 후의 수익)의 값에 대한 표

필수 이해 3a

함수족의 원소는 동일한 변화율의 유형을 공유한다. 이런 변화율의 특징은 그 함수가 모델링하는 실세계 현상의 종류를 결정한다.

필수 이해 3b

일차 함수는 일정한 변화율로 특징지어진다. "기울기 삼각형"의 닮음에 대한 추론은 일차 함수가 일정한 변화율을 가지고, 함수식이 $f(x)=mx+b$(m, b는 상수)라는 것을 추정하게 한다.

표에서 주어진 자료를 근거로 하여 임의로 두 개의 입력값–출력값 쌍을 선택함으로써 P의 연속적인 값들 사이의 차를 고려하지 않고도 변화율을 구할 수 있다.

변화율=출력값의 변화 / 입력값의 변화
=(−650-(−1025))/(50−0)=장당 $7.50

두 개의 다른 입력값–출력값 쌍은 똑같은 변화율을 산출해 낼 것이다.

변화율=출력값의 변화 / 입력값의 변화
=(850−100)/(250−150)=장당 $7.50

[그림 1.11]에 있는 표를 기하적으로 표현해도 변화율을 알아낼 수 있을까? [그림 1.12]에 있는 표를 살펴보자.

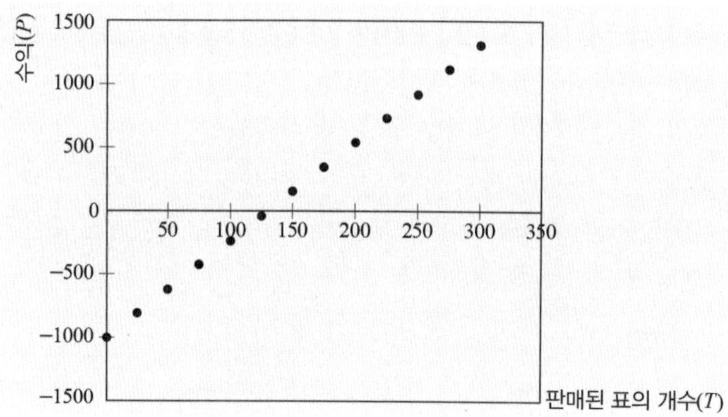

[그림 1.12] [그림 1.11]의 표의 값으로 일정한 변화를 보이는 그래프

자세한 변화율 (장당 $7.50)이 그래프에서 바로 보이지는 않지만 그래프의 선형적인 성격과 일정하게 증가하는 수익만은 분명하다. 그래프에 있는 축의 범위를 조절함으로써 [그림 1.13]에서 보여주는 변화율에 접근할 수 있게 된다.

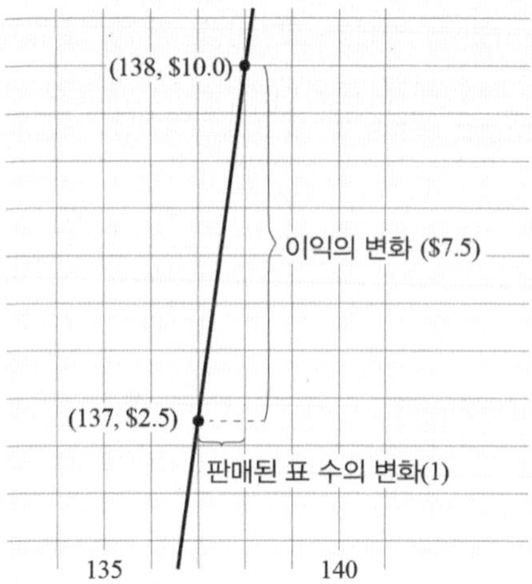

[그림 1.13] 변화율을 보기 쉽게 [그림 1.12]의 그래프의 눈금 크기를 조절한 그래프.

이제껏 보았듯이 모든 일차 함수들은 $f(x) = mx + b$의 형태로 나타난다. 여기서 m은 일정한 변화율(또는 **기울기**)이고 b는 $f(0)$의 값이다. [생각해보기 1.12]의 (c)에 나온 영화관 상황은 P가 수익이고 T가 판매된 표의 개수인 $P = 7.5T - 1025$의 규칙으로 표현될 수 있다. 이 규칙에서 변화율(장당 $7.50)은 티켓이 한 장도 팔리지 않은 수익을 표현하는 −$1,025(여기서 음수는 "수익"이 실제 손실임을 의미함)의 값만큼 중요한 역할을 한다. 두 가지 함수와 [생각해보기 1.15]의 변화율들을 비교하라.

생각해보기 1.15

[생각해보기 1.12]의 (d)부분 상황 속에서의 변화율을 알아보기 위해 문제에에 제시된 전략을 사용하라(표는 독자의 편의를 위해 아래에 나타내었다).

D	M
7	15.29
14	15.43
21	15.57
28	15.71
35	15.85

[생각해보기 1.9]의 변화율과 아래 상황 속에서의 함수의 변화율을 비교하라(표는 독자의 편의를 위해 아래에 나타내었다).

날짜	호수의 수위(m)
7	15.29
14	15.43
28	15.57
35	15.71
42	15.85

[생각해보기 1.12]의 (d)부분의 함수는 일차 함수인데 반해 [생각해보기 1.9]의 함수는 왜 일차 함수가 아닌가?

이 절에서 설명하였듯이, 모든 일차 함수는 여러 가지 방법으로 표현될 수 있는 일정한 변화율을 갖는다.

(1) 그래프(방향과 기울기)를 통해

(2) 표 값의 일정한 수치적 증가에 의해

(3) $f(x) = mx + b$의 x의 계수에 의해

이와 같이 일차 함수는 특정한 종류의 공식(필수 이해 2a)과 관련이 있는 공변의 뚜렷한 패턴으로 특징지어진 함수족의 예를 제공한다.

필수 이해 2a

실수에서 실수로의 함수에서 어떤 공변의 패턴이나 두 변수가 함께 변하는 패턴은 특정 함수족의 성질을 나타내고 그 함수가 가지는 공식의 유형을 결정한다.

❺ 일차 함수 대 일차 함수가 아닌 함수

몇 가지 부분은 비슷해 보이지만 일차 함수의 관점에서 보았을 때에는 상당히 차이가 나는 두 상황을 생각해보자.

상황 1 : 0℃는 32°F이고, 100℃는 212°F임이 주어졌을 때, 우리는 어떻게 25℃같은 섭씨로 표현된 온도를 화씨로 변환할 수 있는가?

상황 2 : 오렌지 주스 공장에 오렌지 주스를 담는 동일한 크기의 통 여러 개와 일정한 속도로 오렌지 주스가 흐르는 호스 여러 개가 있다. 만약 6개의 호스로 5

분동안 한 통을 채우고, 10개의 호스로 3분 동안 한 통을 채워야 한다면 가령 8개의 호스로 통에 물을 채우기 위해서는 몇 분이 걸릴까?

[생각해보기 1.16]에서 이런 상황을 탐구해보자.

생각해보기 1.16

상황 1과 2에 대한 물음에 답하시오. 각각의 경우에 일차 함수로 모델링을 할 수 있는지 알아보고, 왜 그런지 설명하시오.
만약 일차 함수로 상황을 모델링할 수 있다면, 그 함수를 사용하여 물음에 답하시오. 각각의 경우에, 구체적인 함수를 찾는 것이 아닌, 추론을 사용하려고 해 보시오.

상황 1의 경우, 섭씨로 나타낸 온도 C를 화씨 F로 나타내는 함수를 $F(C)$라 하자. F는 일차 함수일까? 그렇다. 왜냐하면 어떤 물체의 온도에 상관없이 온도가 1℃ 상승한다면 일정한 값의 화씨도 상승하기 때문이다. 즉, 함수 F의 변화율은 일정하다. 이때 $F(0)=32$, $F(100)=212$이므로 일정한 변화율은 다음과 같다.

$$\frac{212-32}{100-0}=\frac{9}{5}\text{이므로 } F(C)=\frac{9}{5}C+32$$

결과적으로 25℃는 $F(25)$, 혹은 77°F이다. 비공식적으로 풀 때 25℃는 0~100℃의 1/4 지점이기 때문에, 화씨 온도 역시 32~212 °F의 1/4 지점이라고 추론할 수 있다. 212−32=180의 1/4는 45이므로 화씨는 45+32=77°F가 된다는 것을 확인할 수 있다.

반면 상황 2의 경우는 다르다. 사실 위와 같은 추론으로 시도하는 것은 하고 싶지만 부정확한 방법이다. 8이 6과 10의 가운데이므로 6개의 호스로 5분이 걸리고 10개의 호스로 3분이 걸린다. 따라서 8개의 호스로는 5분과 3분의 중간인 4분이 걸린다는 틀린 결론에 이르게 된다. [생각해보기 1.17]에서 이러한 추론을 다시 생각해보자.

생각해보기 1.17

8개의 호수로 물을 채우는데 걸리는 시간에 대한 문제에서 왜 겉으로 보기에 가능한 것 같은 위의 추론이 부정확한 것일까?

8개의 호스로 통을 채우는 데 걸리는 시간에 대한 추론이 부정확했던 이유는 틀을 채우는데 걸리는 시간을 마치 일차 함수의 호스의 개수처럼 다루었기 때문이다. 만약 호스의 개수를 H에 대한 함수 T와 여러 개의 호스로 통을 채우는데 걸리는 시간인 $T(H)$를 생각하면, 이 함수의 변화율은 일정하지 않다는 것을 알 수 있다. [생각해보기 1.18]에서 이 문제에 대해 생각해보자.

생각해보기 1.18

논리적인 추론을 통해 $T(H)$ 함수에 대한 아래의 표를 채워보아라. 그리고 왜 이 함수가 일정한 변화율을 갖지 않는지를 설명하여라.

H	T
3	
6	5
12	
24	

6개의 호스로 통을 채우는 데 5분이 걸린다면, 그보다 2배가 많은 12개의 호스로 통을 채우는 데에는 2.5분이 걸릴 것이다. 또한 이와 유사한 방법으로 6개의 호스를 이용해 통을 채우는 데 5분이 걸린다면, 6개의 절반인 3개의 호스로 통을 채우는

데에는 5분의 두 배, 즉 10분이 걸릴 것이다. 하지만 $H=3$부터 $H=6$까지의 평균변화율이 $H=6$부터 $H=12$까지의 평균변화율과 일치하지 않는다는 것을 확인할 수 있으므로 T는 일차 함수가 아니다. 따라서 앞서 8개의 호스로 통을 채우는 시간을 찾기 위해 살펴보았던 "선형 보간법(linear interpolation)"로 이 문제를 해결할 수 없다. 대신 6개의 호스로 5분 동안 채워야 통이 채워지기 때문에 하나의 호스로 통을 채우기 위해서는 6배나 더 긴 30분이 걸린다. 즉, 8개의 호스로 채우는 시간은 이것의 1/8만큼 걸릴 것이다. 따라서 8개의 호스로는 3.75분 동안 채워야 통이 가득 채워질 것이다.

이 문제를 해결할 수 있는 또 다른 방법은 호스의 개수(H)와 걸리는 시간(T)이 역의 관계에 있다는 것을 활용하는 것이다. 즉, $H \cdot T$값이 일정하다는 것을 이용하면 된다. 이 값은 일정할 수밖에 없는데, 그 이유는 호스의 개수가 증가하는 양만큼 소요 시간을 그 양으로 나누어야 하기 때문이다. 따라서 $T=\dfrac{30}{H}$이므로 이를 이용하여 호스의 개수에 따른 소요 시간을 쉽게 구할 수 있다. 이러한 예들은 일차 함수와 그렇지 않은 함수를 구별하기 위한 주요 방법이 변화율이 일정한지를 확인하는 것임을 알려준다. 필수 이해 3b에서 확인하자.

필수 이해 3b

일차 함수는 일정한 변화율로 특징지어진다. "기울기 삼각형"의 닮음에 대한 추론은 일차 함수가 일정한 변화율을 가지고, 함수식이 $f(x)=mx+b$(m, b는 상수)라는 것을 추정하게 한다.

2) 이차 함수

학생들은 **이차 함수**를 만들어야 하는 상황을 공부할 때 일정한 수가 아닌 변화율을 처음 겪게 된다. 예를 들면, [생각해보기 1.12]의 (a)와 (f)문제의 경우 변화율은 상수가 아니지만 그 변화율 자체가 일정한 비율로 변화하고 있다(필수 이해 3c).

정의에 따르면 이차 함수는 $f(x)=ax^2+bx+c$(a, b, c는 상수이고 a는 0이 아닌 수) 꼴로 쓰일 수 있는 함수이다. 이차 함수는 수학적으로 추론할 수 있는 기회를 제공하고 [생각해보기 1.19]에 나오는 형식의 문제들을 탐구하는 기초 물리에서 중요하다.

필수 이해 3c

이차 함수는 변화율이 일차이며, 이차 함수의 변화율의 변화율(이계도함수)은 일정하다. 이차 함수의 표준형에 대한 추론으로부터 최댓값 또는 최솟값을 가지며, 해가 실수이면 그 해들은 최댓값 또는 최솟값을 갖는 점의 x좌표에 대하여 대칭임을 유도할 수 있다.

생각해보기 1.19

무거운 물체가 가벼운 것보다 빨리 떨어질까? 그리고 물체가 떨어지는 속도는 무게에 비례하는 걸까?
물체는 일정한 속도로 떨어질까?

갈릴레오 시대(1564－1642) 이전 사람들은 일반적으로 무거운 물체가 가벼운 것보다 더 빨리 떨어지고 물체가 떨어지는 속도는 일정하다고 믿었다. 그리고 떨어지는 물체의 속도는 물체의 무게에 비례한다고 생각했다. 물론 공기저항은 깃털이 땅으로 떨어질 때 구슬보다 더 천천히 떨어지게 하는 원인이 **된다**. 하지만 만약에 공기저항을 최소로 받는 두 물체를 떨어뜨린다면(두 개 모두 구슬 모양이라고 한다면), 심지어 하나가 다른 하나보다 가볍다고 할지라도 두 물체는 동시에 땅에 떨어질 것이다. 어떤 과학박물관은 깃털과 쇠구슬 모양을 진공관에 넣어 두 개가 똑같은(일정하지 않은) 속도로 떨어진다는 것을 보이기 위해 전시해왔다. 갈릴레오는 물체가 땅에 떨어지는 속도는 일정하지 않지만 시간에 따라 증가하고 물체가 떨어지는 거리는 경과한 시간에 대한 이차 함수라고 결론지었다.

뉴턴의 시대(1643－1727) 이후로는 떨어지는 물체의 높이가 왜 경과한 시간에 대한 이차 함수가 되는지 설명하기 위해 미적분학을 사용해왔다. 이 설명은 두 가지 사실에 기초한다. 첫째, 중력으로 인한 가속도는 지표 근처에서 (대략) 상수이다. 둘째, 가속도는 높이 함수의 이계도함수이다. 이것은 필수 이해 2a와 3c에서 설명하는 대로 이차 함수를 이계도함수(변화율의 변화율)가 0이 아닌 상수인 그런 함수들로 특징지을 수 있게 한다. 더군다나 이것은 필수 이해 2c에 있는 예제로 떨어지는 물체의 높이와 경과한 시간 사이의 관계가 왜 이차식인지를 설명하는데, 이는 변화율의 측면에서 보면 이차 함수의 특징이다.

> **필수 이해 2a**
> 실수에서 실수로의 함수에서 어떤 공변의 패턴이나 두 변수가 함께 변하는 패턴은 특정 함수족의 성질을 나타내고 그 함수가 가지는 공식의 유형을 결정한다.

> **필수 이해 3c**
> 이차 함수는 변화율이 일차이며, 이차 함수의 변화율의 변화율(이계도함수)은 일정하다. 이차 함수의 표준형에 대한 추론으로부터 최댓값 또는 최솟값을 가지며, 해가 실수이면 그 해들은 최댓값 또는 최솟값을 갖는 점의 x좌표에 대하여 대칭임을 유도할 수 있다.

> **필수 이해 2c**
> 함수의 변화율은 그 함수가 어떤 실세계 현상을 모델링할지 결정하는 주요 특징 중 하나이다.

❶ 이차 함수의 공차와 계차

이차 함수에서 순간 변화율인 도함수와 이계도함수를 배우기 전에 공차와 계차를 생각하는 것으로 도함수에 대한 감각을 배울 수 있다. [그림 1.14]는 구간 0에서 1, 1에서 2, 2에서 3 사이에서 이차 함수 $g(x)=x^2+x+1$의 평균변화율을 보여준다. 여기에 $g(x)$의 도함수에 가까운 $g(x)$의 "공차"가 있다.

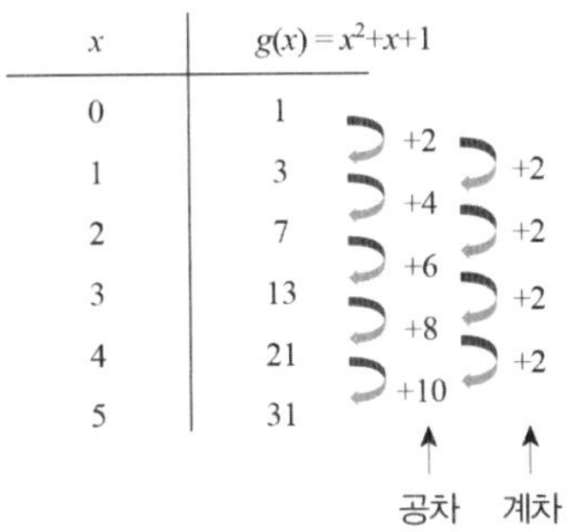

[그림 1.14] 이차 함수의 공차와 계차

위의 그림은 $g(x)$의 이계도함수와 가까운 $g(x)$의 "계차", 즉 "변화에서의 변화"도 함께 보여준다. 사실 0이 아닌 상수 계차는 이차 함수의 특징이다.

❷ 떨어지는 물체의 높이인 이차 함수

하나의 물체가 떨어질 때(공기저항 없이), 이것은 상수 가속도를 가진다. 즉, 중력에 의한 가속도는 지표 근처에서 -32 $ft/\sec$이다(여기서 가속도는 아래쪽이라서 음수이다). 만약에 물체를 던지거나 떨어뜨린 후 t초가 지나고 나서 땅 위의 물체의 높이를 $h(t)$라고 한다면, 도함수 $h'(t)$는 t초가 지난 후 그 물체의 속도이고 이계도함수 $h''(t)$는 t초가 지난 후 그 물체의 가속도이다. 그렇다면 $h''(t)=-32$가 된다. 이 이계도함수는 상수 함수인 -32이기 때문에 원래 함수의 도함수는 다시 한 번 미분한 것이 -32인 함수여야 한다. 따라서 도함수의 형태는 어떤 상수 v에 대해서 $h'(t)=-32t+v$인 것이다.

비슷하게 함수 $h(t)$는 도함수 $-32t+v$를 가지므로 이 함수는 어떤 상수 p에 대해서 $h(t)=-16t^2+vt+p$의 형태를 가져야만 한다. 이러한 똑같은 분석은 이계도함수가 0이 아닌 상수인 모든 함수는 반드시 이차 함수여야만 한다는 것을 보여준다. 이를 통해 이차 함수의 이계도함수가 0이 아닌 상수임을 바로 알 수 있을 것이다. 결과적으로 필수 이해 3c에서 설명한 것처럼 이차 함수는 정확히 이계도함수가 0이 아닌 상수인 함수이다.

앞서 설명한 대로 이차 함수의 이런 특징과 함께, 물체가 떨어지거나 또는 물체를 던졌을 때 떨어지는 물체의 높이가 경과한 시간에 대해 이차 함수인지를 설명하는 것이 바로 물리학이다. 필수 이해 2a와 3a에서 설명하는 것처럼 함수의 변화율의 본질은 이차 함수족에 속하는지를 결정하고, 실생활에서 그것을 모델화하는 데 중요한 역할을 한다. [생각해보기 1.20]에서는 물체를 떨어뜨리거나 던지고나서 t초가 지난 후의 떨어지는 물체의 높이에 대한 공식 $h(t)=-16t^2+vt+p$를 좀 더 살펴본다.

필수 이해 3c

이차 함수는 변화율이 일차이며, 이차 함수의 변화율의 변화율(이계도함수)은 일정하다. 이차 함수의 표준형에 대한 추론으로부터 최댓값 또는 최솟값을 가지며, 해가 실수이면 그 해들은 최댓값 또는 최솟값을 갖는 점의 x좌표에 대하여 대칭임을 유도할 수 있다.

필수 이해 2a

실수에서 실수로의 함수에서 어떤 공변의 패턴이나 두 변수가 함께 변하는 패턴은 특정 함수족의 성질을 나타내고 그 함수가 가지는 공식의 유형을 결정한다.

필수 이해 3a

함수족의 원소는 동일한 변화율의 유형을 공유한다. 이런 변화율의 특징은 그 함수가 모델링하는 실세계 현상의 종류를 결정한다.

생각해보기 1.20

물체를 떨어뜨리거나 던지고나서 t초가 지난 후의 떨어지는 물체의 높이에 대한 공식 $h(t)=-16t^2+vt+p$에서 상수 v와 p를 해석하라.
$h'(t)=-32t+v$은 떨어지는 물체의 속도임을 기억하라. 이 상황에서 v와 p는 무엇을 나타내는가?

t초 후에 물체의 속도는 $h'(t)=-32t+v$로 주어졌기 때문에 $t=0$에서의 값은 $h'(0)=v$이므로 v는 시간이 0일 때 물체의 속도이다. 즉, v는 물체의 처음 속도이다. 만약 물체를 단순히 떨어뜨리기만 한다면 $v=0$이지만 만약 물체를 위로 던진다면 v는 그 물체를 얼마나 멀리 던졌느냐에 따라 양수가

된다. p는 어떨까? $h(t) = -16t^2 + vt + p$에서 $t = 0$에서 값을 보면 $h(0) = p$임을 알 수 있다. 결국 p는 시간이 0일 때 물체의 위치(높이)가 된다. 즉, 물체를 떨어뜨리거나 던졌을 때 초기 높이가 되는 것이다.

지금까지의 분석은 이차식의 일반형(standard form)에서 높이 함수에 대한 것이었다. 일반형에서 물체의 초기 높이와 초기 속도는 계수로 나타난다. 이차 함수의 또 다른 익숙한 형태는 **표준형(vertex form)**이다. 다음에 살펴볼 것은 표준형에서 높이 함수와 관련된 다른 유용한 정보들에 대해서이다.

❸ 표준형에서의 이차식

이차 함수의 일반형은 a, b, c가 상수일 때, $y = ax^2 + bx + c$이다. 하지만 종종 이차 함수를 **표준형**, 즉 $y = a(x-h)^2 + k$ (a, h, k는 상수)인 형태로 둔다. [생각해보기 1.21]은 이런 형식의 유용한 점을 탐구한다.

생각해보기 1.21

이차 함수를 표준형으로 놓는 이유는 무엇일까?
이차식의 표준형은 어떤 정보를 주며 왜 그럴까?

표준형은 이차 함수와 그래프가 어떤 특징을 가지는지 추론하게 한다(필수 이해 3c). $y = a(x-h)^2 + k$ (a, h, k는 상수)인 표준형의 이차식이 주어지면 다음과 같은 것을 추론할 수 있다.

1. a. $a > 0$이면, 이차식은 $x = h$일 때 최솟값 k를 가진다.
   b. $a < 0$이면, 이차식은 $x = h$일 때 최댓값 k를 가진다.
   그래서 그래프에서 점 (h, k)는 최대 또는 최솟값이 되고 이를 **꼭짓점**이라고 부른다.
2. 이차식의 해(즉, 함숫값이 0인 x값, x축과의 교점)는

필수 이해 3c
이차 함수는 변화율이 일차이며, 이차 함수의 변화율의 변화율(이계도함수)은 일정하다. 이차 함수의 표준형에 대한 추론으로부터 최댓값 또는 최솟값을 가지며, 해가 실수이면 그 해들은 최댓값 또는 최솟값을 갖는 점의 x좌표에 대하여 대칭임을 유도할 수 있다.

$x = h \pm \sqrt{\frac{-k}{a}}$, 결과적으로 이차식은 $\frac{-k}{a} > 0$일 때, $x = h$ 근처에서 좌우 대칭적으로 위치한 두 개의 해를 가지고, $k = 0$일 때는 $x = h$에서 하나의 해를 가지며 $\frac{-k}{a} < 0$일 때는 실수 해가 없다.

위의 사실 1을 추론하는 것에서 핵심은 $(x-h)^2$이 제곱이라는 것을 인지하는 것이다. x값을 무슨 값으로 바꾸든지 간에 $(x-h)^2$의 값은 0보다 크거나 같을 것이다. 그래서 사실 1의 (a)부분에서 만약 $a > 0$이면 $a(x-h)^2$의 값은 모든 x에 대해 0보다 크거나 같다. 따라서 이차식이 가질 수 있는 가장 작은 값은 $x - h = 0$일 때 생기는 k이다. 비슷하게 추리하면 사실 1의 (b)부분도 추론할 수 있다. 결과적으로 이차식에서 점 (h, k)는 [그림 1.15]에서 보는 것처럼 $a < 0$일 때는 최대, $a > 0$일 때는 최소인 점이 된다. 이 점을 **꼭짓점**이라고 부른다.

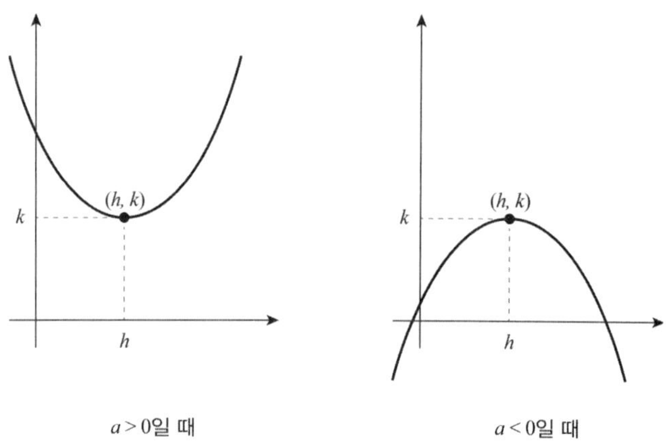

[그림 1.15] 그래프 $y = a(x-h)^2 + k$의 꼭짓점 (h, k)

사실 2를 추론하려면 $a(x-h)^2 + k = 0$이라는 방정식을 풀어야만 한다. 이런 형태의 방정식은 "제곱=상수" 꼴의 방정식으로 줄여서 제곱근을 사용해 푸는 것이 쉽다. 다음에 있는 방정식들 각각 동치이다. 즉, 같은 해를 가진다.

$$
\begin{aligned}
a(x-h)^2+k &= 0 \\
(x-h)^2 &= \frac{-k}{a} \\
x-h &= \pm\sqrt{\frac{-k}{a}} \\
x &= h\pm\sqrt{\frac{-k}{a}}
\end{aligned}
$$

따라서 이차 함수의 해는 [그림 1.16]에 묘사한 것처럼 꼭짓점에 대하여 대칭이다.

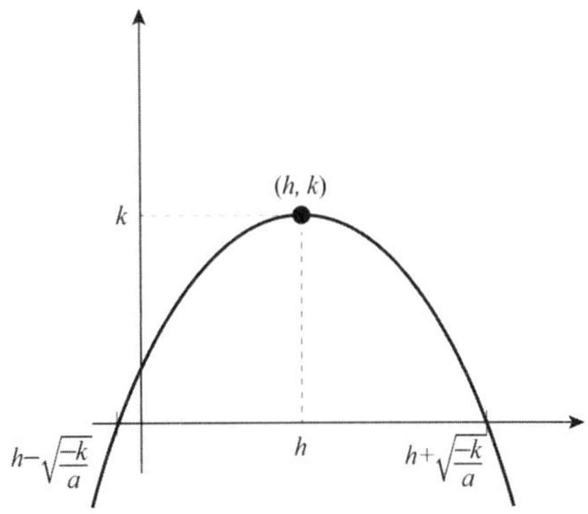

[그림 1.16] $y=a(x-h)^2+k$의 해(x축과의 교점)는 꼭짓점에 대칭으로 나타난다.

❹ 떨어지는 물체의 높이에 표준형과 일반형 적용하기

초기 속도 128ft/sec로 144ft의 높이에서 위로 쏜 물체를 예로 생각해보자. 공기저항은 무시할 수 있는 것이라고 가정하면, 던지고 나서 t초 후 땅에서 물체의 높이는 $h(t)=-16t^2+128t+144$ ft라는 앞 절(p.49~51)에서의 결과를 사용할 수 있다. [생각해보기 1.22]에서 이 방정식의 다른 형태에 대한 질문을 생각해보자.

생각해보기 1.22

높이에 대한 $h(t)=-16t^2+128t+144$라는 일반형으로부터 투사체에 관한 어떤 정보를 추론할 수 있는가?
높이에 대한 $h(t)=-16(t-4)^2+400$이라는 표준형으로부터 투사체에 관한 어떤 정보를 추론할 수 있는가?

투사체의 높이에 관한 일반형 $h(t)=-16t^2+128t+144$로부터 $h(0)=144$이므로 투사체의 초기 높이는 144ft임을 쉽게 알 수 있다. 또 앞의 논의에서 투사체의 초기 속도는 일차항의 계수인 128ft/sec임을 알았다.

투사체의 높이에 관한 표준형 $h(t)=-16(t-4)^2+400$으로부터 투사체가 도달한 최대 높이가 400ft이고 이것은 물체를 던진 4초 후라는 것을 추론한다. 필수 이해 3c를 보면 왜 그런지 그 이유를 쉽게 추리할 수 있다. $(t-4)^2$은 제곱이므로 항상 0보다 크거나 같으므로 $-16(t-4)^2$은 항상 0보다 작거나 같다. 따라서 $t-4$의 값이 0일 때 $h(t)$가 가질 수 있는 최댓값은 400이다.

> **필수 이해 3c**
> 이차 함수는 변화율이 일차이며, 이차 함수의 변화율의 변화율(이계도함수)은 일정하다. 이차 함수의 표준형에 대한 추론으로부터 최댓값 또는 최솟값을 가지며, 해가 실수이면 그 해들은 최댓값 또는 최솟값을 갖는 점의 x좌표에 대하여 대칭임을 유도할 수 있다.

투사체가 땅에 떨어졌을 때를 살펴보는 데는 표준형을 사용할 수 있다. t초에서 투사체가 땅에 떨어진 것은 $h(t)=0$이라고 한다. 따라서 $-16(t-4)^2+400=0$을 t에 관해 풀어야만 한다. 앞에서 설명한 표준형에서 이차식의 해를 구하기 위해 일반적인 공식을 적용할 수 있다. 또는 공식으로 이끌기 위한 추론을 해서 다음과 같은 동치인 방정식을 만들 수 있다.

$$\begin{aligned} -16(t-4)^2+400 &= 0 \\ 400 &= 16(t-4)^2 \\ 25 &= (t-4)^2 \\ \pm 5 &= t-4 \end{aligned}$$

따라서 투사체는 $t=9$초이거나 $t=-1$초에서 땅에 부딪힌다. $t=-1$인 경우는 (투사체가 던져지기 전에 땅에 부딪힐

수 없으므로) 말이 되지 않는다. 그렇다면 던지고 나서 9초 후에 땅에 부딪힌다는 것을 알게 된다. 필수 이해 3c에서 설명한 대로 표준형으로 이차 방정식을 풀었을 때 이차 함수의 해들은 x좌표가 꼭짓점에 대해 대칭임을 알 수 있다. 투사체에 대한 분석은 그래프를 보지 않고서는 완전히 끝난 것이 아니다. [생각해보기 1.23]을 보자.

필수 이해 3c

이차 함수는 변화율이 일차이며, 이차 함수의 변화율의 변화율(이계도함수)은 일정하다. 이차 함수의 표준형에 대한 추론으로부터 최댓값 또는 최솟값을 가지며, 해가 실수이면 그 해들은 최댓값 또는 최솟값을 갖는 점의 x좌표에 대하여 대칭임을 유도할 수 있다.

생각해보기 1.23

함수의 그래프를 그리는데 투사체의 높이 함수의 표준형과 일반형으로부터 얻게 되는 정보를 어떻게 이용할 수 있을까?

던지고 나서 t초 후의 투사체의 높이는 $h(t)=-16t^2+128t+144=-16(t-4)^2+400$과 같이 된다는 것을 알아내었다. $t=0$초일 때 투사체의 높이는 144ft이고 $t=4$초일 때 높이는 400ft, 즉 최대 높이가 얻어진다. $t=9$초일 때 투사체는 땅에 부딪힌다. 이런 정보들을 통해 점 (0, 144), (4, 400), (9, 0)들을 찾을 수 있고, (4, 400)이 그래프에서 가장 높은 점일 거라는 것도 알 수 있다. 또한 이런 정보들은 그래프가 [그림 1.17]에 있는 것과 비슷하게 되어야만 한다는 것을 추론할 수 있게 한다.

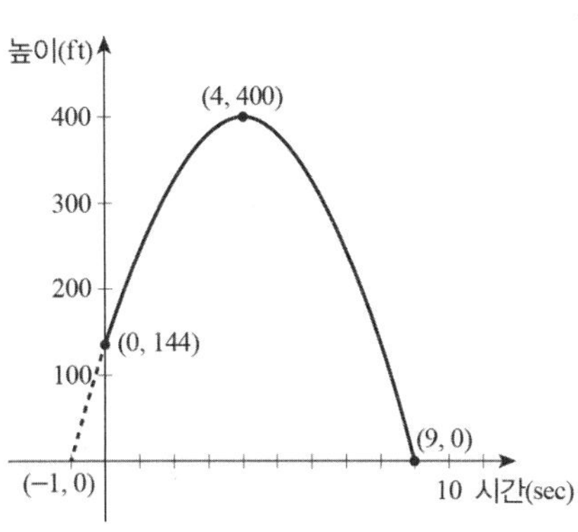

[그림 1.17] 투사체의 높이 함수 그래프

만약 $h(t)$가 시간에 대한 함수로서 높이가 아닌 어떤 추상 함수라면 $t = -1$은 $h(t) = 0$의 해라는 것을 알 수 있기 때문에 점 $(-1, 0)$은 그래프 위에 있을 것이다. [생각해보기 1.24]는 그래프가 투사체의 실제 상황을 보여주거나 또는 보여주지 않을 수도 있다는 것을 규명한다.

생각해보기 1.24

[그림 1.17]의 그래프는 투사체가 던진 후로부터 땅에 떨어질 때까지의 경로를 보여주는가? 왜 그런가 또는 왜 그렇지 않은가?

물체의 높이와 시간에 대한 함수를 그래프로 그릴 때, 그 그래프가 물체가 움직인 경로를 반드시 보여주어야 할 필요는 **없다**. 이것은 독립변수 또는 x축이 수평인 위치가 아니라 경과한 **시간**이기 때문이다. 앞에 있는 예제에서 투사체가 똑바로 위로 던져졌다면 그것이 움직인 경로는 수직인 선 위에 있는데 이것은 수평적인 움직임은 없다는 것이다.

❺ 이차식을 표준형과 이차식 공식에 넣기

앞에서도 보았듯이 이차 함수가 표준형일 때는 그 함수의 해를 찾기 쉬운 추론을 할 수 있다. 그래서 이차 방정식의 근을 찾기 위해 이차식을 표준형으로 두는 것은 유용하다. [생각해보기 1.25]에서 표준형과 이차식 공식의 관계를 탐구한다.

필수 이해 3c

이차 함수는 변화율이 일차이며, 이차 함수의 변화율의 변화율(이계도함수)은 일정하다. 이차 함수의 표준형에 대한 추론으로부터 최댓값 또는 최솟값을 가지며, 해가 실수이면 그 해들은 최댓값 또는 최솟값을 갖는 점의 x좌표에 대하여 대칭임을 유도할 수 있다.

생각해보기 1.25

표준형은 이차식 공식과 어떻게 관련될까?

"일반적인" 이차 방정식을 일반형에서 표준형으로 바꾸고 근을 찾기 위한 추론을 하면 이차식 공식을 이끌어낼 수 있다(필수 이해 3c). 이 과정을 종종 "완전 제곱 만들기"라고 부른다.

$y = ax^2 + bx + c$ 형식의 이차 함수의 일반적인 경우를 생각하기 전에 b와 c가 상수인 $y = x^2 + bx + c$ 형식의 이차 함수의 완전제곱을 만들어보자. 이 경우는 넓이 그림으로 쉽게 설명할 수 있다. [그림 1.18]처럼 $x^2 + bx + c$로 출발해서 x가 있는 제곱항과 상수항이 있는 $(x-h)^2 + k$ 형식으로 만들려고 한다.

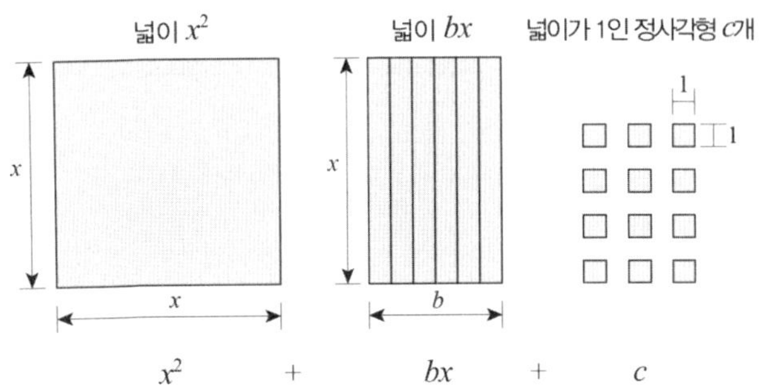

[그림 1.18] 이차식 $x^2 + bx + c$ 설명하기

여기서 [그림 1.19]처럼 제곱을 만들기 위해 bx라는 항을 절반으로 나누어 c항의 일부분을 이동시키면 이차식을 제곱처럼 만들 수 있다. 이것은 그림으로도 알 수 있고 $x^2 + bx + c = \left(x + \frac{b}{2}\right)^2 + \left(c - \frac{b^2}{4}\right)$와 같이 대수적으로도 알 수 있다.

$ax^2 + bx + c$라는 일반적인 경우로 돌아가서 보면, $a\left(x + \frac{b}{2a}\right)^2 = ax^2 + bx + \frac{b^2}{4a^2}$이므로 $ax^2 + bx + c = a\left(x + \frac{b}{2a}\right)^2 + \left(c - \frac{b^2}{4a^2}\right)$이 된다. 표준형에서 이차식의 근에 대한 앞에서의 추론을 적용해 보면 이차식의 근은 이차식 공식과 유사하게 된다는 것을 추론하게 된다. 즉, $x = -\frac{b}{2a} \pm \frac{\sqrt{b^2 - 4ac}}{2a}$ 또는 $x = \frac{-b \pm \sqrt{b^2 - 4ac}}{2a}$이다. 이러한 결과는 필수 이해 3c에서 설명한다.

필수 이해 3c

이차 함수는 변화율이 일차이며, 이차 함수의 변화율의 변화율(이계도함수)은 일정하다. 이차 함수의 표준형에 대한 추론으로부터 최댓값 또는 최솟값을 가지며, 해가 실수이면 그 해들은 최댓값 또는 최솟값을 갖는 점의 x좌표에 대하여 대칭임을 유도할 수 있다.

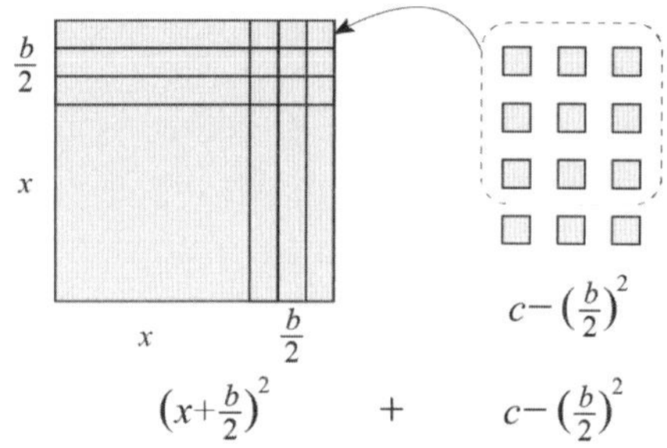

[그림 1.19] x^2+bx+c를 완전제곱식으로 만들기 위한 부분 이동

3) 지수 함수

지수 함수는 성장이나 감소와 관련되는 다음과 같은 많은 실생활 상황들로 설명할 수 있다.

- 복리 계산 (시간에 대한 함수로서 돈의 양)
- 제한이 없는 인구 증가 (시간에 대한 함수로서 인구수)
- 방사성 원소의 분해 (시간에 대한 함수로서 원소 양)
- 차와 같은 물건의 가격에서 가치하락 (시간에 대한 함수로서 가치)

이차 함수에서처럼 지수 함수의 변화율은 상수가 아니라 변화한다. 또한 지수 함수는 함숫값에 비례하는 변화율로 특징지어진다(필수 이해 3d). 이것은 필수 이해 3a에서 설명하는 대로 지수 함수로 모델링하는 실생활의 종류를 결정짓는 데 중요한 역할을 하는 지수 함수의 변화율의 한 측면이기도 하다.

> **필수 이해 3d**
> 지수 함수에서 변화율은 함숫값에 비례한다. 입력값이 1씩 증가하면 출력값은 상수만큼 곱해지는 것이 지수 함수의 특성이다. 지수 함수는 식 $a^{b+c}=(a^b)(a^c)$에서와 같이 곱셈이 덧셈과 연결된다.

> **필수 이해 3a**
> 함수족의 원소는 동일한 변화율의 유형을 공유한다. 이런 변화율의 특징은 그 함수가 모델링하는 실세계 현상의 종류를 결정한다.

❶ 변화율이 함수와 비례하는 상황들

주요 포식자도 없고 음식, 물, 공간이나 다른 필요한 자원이 충분한 상태에서 사람이나 동물 또는 접시에 있는 박테리아의 수를 가정해보자. 그러면 주어진 일정한 시간이 흘렀을 때 기존의 수보다 적게 되는 것이 아니라 더 많은 수가 추가되어 기존보다 큰 수가 될 것이라고 기대할 것이다. 왜냐하면 각 쌍은 일정한 수의 자손을 만들고 더 많은 쌍이 새로운 구성원을 만들어내기 때문이다. 예를 들어, 인구수가 4만 명이고 모든 상황이 동일하게 유지된 상태에서 일 년 후 2천 명이 추가된다면 그 다음 해에도 2천 명의 새로운 사람이 더 추가될 것이라 예상한다. 왜냐하면 4만 2천 명은 4만 명보다 더 많은 사람을 만들어 낼 것이기 때문이다.

여기서 제한 조건이 없는 인구 성장은 좀 더 정확히 설명할 수 있다. 각각의 종에서 재생산이 가능한 일부 종은 다산이나 임신 기간 같은 요소에 기준해서 특정한 평균비율로 자손을 생산해야 한다. 그렇다면 음식과 물, 공간이나 다른 필요 자원이 풍부하고 포식자가 없는 경우의 인구수를 다시 가정해보자. 안정적으로 오랜 기간 동안 제한 없는 성장이 가능한 상황에서 인구수가 성장하는 비율은 그 인구수 자체의 어떤 고정된 퍼센트가 될 것이다. 예를 들어, 매년 5% 인구수가 증가한다는 것은 인구수의 변화율이 그 인구수에 비례한다는 것을 의미한다.

[생각해보기 1.12]의 (b)부분의 상황은 스몰빌(Smallville)이라는 도시에서 처음 인구수가 4만 명일 때 매해 5퍼센트 비율로 성장한다면, 20년 후의 인구수는 어떻게 되는지를 생각하는 것이다. 이것은 다음 해의 인구수가 현재 인구수보다 5퍼센트 늘어난다고 예상하는 것을 의미한다. 즉, 인구수를 $P(T)$라고 할 때, T년 후의 인구수는 $P(T+1)=P(T)+0.05 \cdot P(T)$ 또는 오른쪽 항들을 결합해서 $P(T+1)=1.05 \cdot P(T)$라는 등비수열을 설명하는 규칙을 쓰는 재귀법을 사용할 수 있다. 인구수 P에 상수 1.05를 곱해서 매년의 인구수를 보여주는 이 상황의 (대략의) 값을 표로 만들 수 있다. [그림 1.20]이 그런 표를 만든 것이다.

또한 $P(T+1)=P(T)+0.05 \cdot P(T)$라는 귀납법칙은 인구수의 변화율이 인구수에 비례하는 것을 보이는 데 사용할 수도 있다. 왜냐하면 $P(T)$와 $P(T+1)$은 1년 차이의 인구수를 말하는데 그 차이인 $P(T+1)-P(T)$는 인구수의 (평균)변화율(T년과 $T+1$년 사이)이다. 따라서 $P(T+1)-P(T)=0.05 \cdot P(T)$이기 때문에 인구수의 변화율은 인구수가 그 당시 얼마였는지에 상관없이, 그 당시 인구수 곱하기 0.05가 된다. 즉, 인구수의 변화율은 인구수에 상수 0.05배한만큼 비례한다(필수 이해 3d).

> **필수 이해 3d**
> 지수 함수에서 변화율은 함숫값에 비례한다. 입력값이 1씩 증가하면 출력값은 상수만큼 곱해지는 것이 지수 함수의 특성이다. 지수 함수는 식 $a^{b+c}=(a^b)(a^c)$에서와 같이 곱셈이 덧셈과 연결된다.

년(T)	인구 수(P)
0	40,000
1	42,000
2	44,100
3	46,305
4	48,620
5	51,051
6	53,604
7	56,284
8	59,098
9	62,053
10	65,156

×1.05 ×1.05 ×1.05 ×1.05 ×1.05 ×1.05 ×1.05

[그림 1.20] 매년 인구 P가 상수 1.05배 되는 값을 보여주는 표

[그림 1.20]의 그림에서 오른쪽 열의 값들은 이전 값에 1.05를 곱한 값이기 때문에 위의 표는 등비수열을 보여준다. 이전의 등비수열 학습내용에 기초하면 스몰빌의 예상되는 인구수 P에 대한 공식을 알 수 있다. 지금부터 T를 년수라고 하면 $P(T)=40{,}000(1.05)^T$가 된다. 함수변화율의 성질은 그 함수가 가지는 공식의 종류를 결정한다는 것을 기억하자(필수 이해 2a).

> **필수 이해 2a**
> 실수에서 실수로의 함수에서 어떤 공변의 패턴이나 두 변수가 함께 변하는 패턴은 특정 함수족의 성질을 나타내고 그 함수가 가지는 공식의 유형을 결정한다.

❷ 지수 함수 정의와 특징

앞 절에서 인구수에 대한 공식을 $P(T)=40000(1.05)^T$라고 이끌어냈었다. T에 대한 입력값은 양의 정수였지만 $P(T)$에 대한 공식은 T가 정수가 아닌 값을 넣어도 성립한다. T가 모든 실수일 때 함수 $P(T)=40{,}000(1.05)^T$는 지수 함수의 한 예이다. 일반적으로 지수 함수는 $f(x)=a\cdot b^x$, $b>0$와 같이 표현될 수 있는 함수로 정의한다. 앞에서 모든 등비수열은 $A\cdot b^N$(N번째 항, A와 b는 상수)의 형태로 된다고 보였다. 결과적으로 모든 등비수열은 정의역이 양의 정수로 제한되

는 지수 함수인 것이다(필수 이해 3g).

앞에서 스몰빌의 1년 동안의 인구수의 (평균)변화율이 인구수에 비례한다는 것을 알았다. 비슷하게 어떤 지수 함수에서도 1단위 동안 함수의 (평균)변화율은 그 함수에 비례한다. 미분을 사용하면 모든 지수 함수의 순간 변화율은 그 함수에 비례한다는 것을 보일 수 있다. 다른 말로 $f(x)$가 지수 함수이면 $f'(x)=k\cdot f(x)$ ($f'(x)$은 도함수)인 비례 상수 k가 존재한다는 것을 미분으로 보일 수 있다. 만약 $f(x)$가 함수이고 변화율이 그 함수에 비례한다면 $f(x)$가 지수 함수라는 것도 미분으로 보일 수 있다. 결과적으로 지수 함수는 그 함수에 비례하는 순간 변화율로 특징지을 수 있다(필수 이해 3d). 증가하거나 감소하는 양이 현재 양에 비례하는 상황이면 필수 이해 3a에서 설명하듯이 지수 함수로 모델화한다.

> **필수 이해 3g**
> 등비수열은 정의역이 양의 정수인 지수 함수로 볼 수 있다.

> **필수 이해 3d**
> 지수 함수에서 변화율은 함숫값에 비례한다. 입력값이 1씩 증가하면 출력값은 상수만큼 곱해지는 것이 지수 함수의 특성이다. 지수 함수는 식 $a^{b+c}=(a^b)(a^c)$에서와 같이 곱셈이 덧셈과 연결된다.

> **필수 이해 3a**
> 함수족의 원소는 동일한 변화율의 유형을 공유한다. 이런 변화율의 특징은 그 함수가 모델링하는 실세계 현상의 종류를 결정한다.

❸ 지수 함수의 그래프

지수 함수 $f(x)=a\cdot b^x$에서 매개변수 a는 함수의 y절편이고 매개변수b는 함수의 밑이라고 부른다. 밑 b는 함수의 증가율이나 감소율을 결정한다. [생각해보기 1.26]은 지수 함수에서 밑이 서로 다른 양수인 경우를 탐구한다.

생각해보기 1.26

> $f(x)=a\cdot b^x$, $b>0$로 표현되는 지수 함수를 생각해보자.
> 어떤 b값에서 x가 증가함에 따라 함수가 **감소**하는가?
> 어떤 b값에서 x가 증가함에 따라 함수가 **증가**하는가?

만약에 밑 b가 0과 1 사이에 있다면 지수 함수는 x가 증가함에 따라 감소한다. 만약 b가 더 작아진다면 감소율이 더 빨라질 것이다. $y=\left(\frac{1}{2}\right)^x$와 $y=\left(\frac{1}{10}\right)^x$에 대응하는 그래프들을

[그림 1.21]에서 살펴보자. 좀 더 큰 밑을 가진 함수 $y=\left(\frac{1}{2}\right)^x$는 함수 $y=\left(\frac{1}{10}\right)^x$보다 더 천천히 감소한다는 사실을 보여준다. 이것은 함수의 대수적 표현과 기하적인 표현 사이의 관계는 변화에 대해 공부할 때 무척 중요하다는 것을 설명하는 것이다(필수 이해 5d).

필수 이해 5d
함수의 대수적 표현과 기하적 표현 사이의 관계는 함수 사이의 관계와 변화를 다룰 때 특히 중요하다.

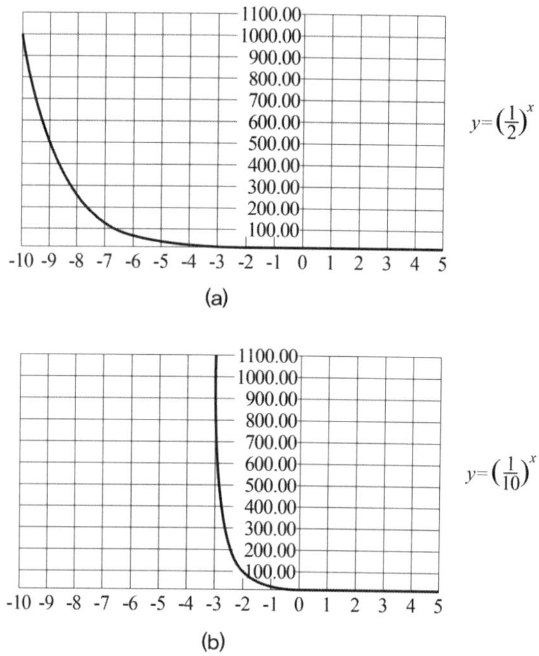

[그림 1.21] (a) $y=\left(\frac{1}{2}\right)^x$와 (b) $y=\left(\frac{1}{10}\right)^x$의 증가에 대한 그래프

지수 함수에서 밑 b가 1일 때, 이 함수는 모든 입력값에 대한 결과가 a인 상수 함수이다. $b>1$일 때 함수는 x가 증가함에 따라 증가한다. 이 경우는 인구수 예제에서 설명한 대로이다. 더 큰 밑을 가지면 증가율도 더 빨라지게 된다. 인구수 예제에서는 밑이 1.05이고 20년 후에 스몰빌의 인구수가 106,132가 될 것이다. 만약 매년 10퍼센트씩 증가한다고 한다면 20년 후 인구수는 269,100이 될 것이다. 이 두 가지 인구 증가율을 묘사하는 그래프는 [그림 1.22]에 나타난다.

$P=40,000\cdot(1.05)^T$에 대응하는 그래프가 다소 선형인 듯 보이지만 이것은 지수적으로 증가하고 있다. 비록 이것은 $P=40,000\cdot(1.10)^T$이 증가하는 것보다는 훨씬 천천히 증가하지만, 두 경우 모두 P의 결과는 T의 단위가 변화하는 것에 따라 곱셈 형식의 증가 패턴을 보인다. [그림 1.23]에서 보는 것처럼 $P=40,000\cdot(1.05)^T$에 대응하는 그래프의 증가 패턴을 보기 위해 작은 일부분을 확대해 볼 수 있다. T가 증가함에 따라 시간은 지나고 이 그래프는 점점 더 가파르게 될 것이다. 비록 이 함수가 처음에는 천천히 올라가는 것처럼 보이지만 결국에는 아주 빠르게 올라갈 것이다.

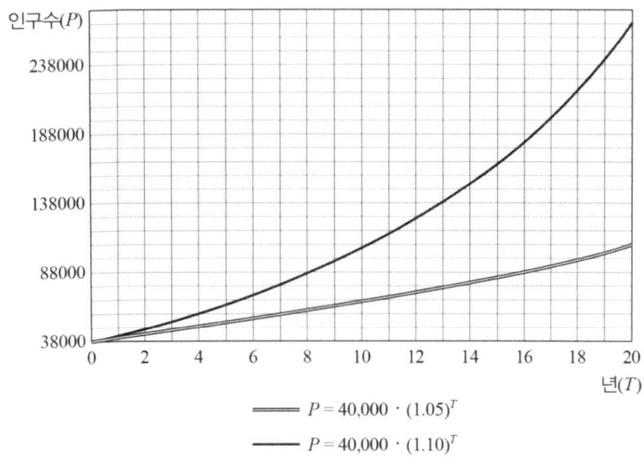

[그림 1.22] 5퍼센트와 10퍼센트의 인구증가율 그래프

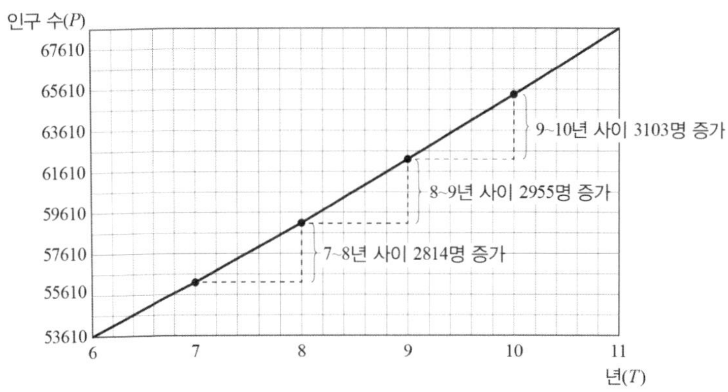

[그림 1.23] 5퍼센트의 증가율을 보이는 [그림 1.22]의 아래쪽 그래프의 일부분 확대

❹ $b^{(u+v)} = b^u \cdot b^v$ 성질과 지수 함수 그래프

모든 실수 u, v와 양수 b에 대해 성립하는 중요한 성질 $b^{(u+v)} = b^u b^v$는 지수 함수의 곱셈이 덧셈과 연결된다는 것을 보여준다(필수 이해 3d). 이 성질은 [생각해보기 1.27]에서 보는 것처럼 산술 평균$\left(\frac{m+n}{2}\right)$과 기하평균($\sqrt{mn}$)을 관련시키기도 한다.

필수 이해 3d

지수 함수에서 변화율은 함숫값에 비례한다. 입력값이 1씩 증가하면 출력값은 상수만큼 곱해지는 것이 지수 함수의 특성이다. 지수 함수는 식 $a^{b+c} = (a^b)(a^c)$에서와 같이 곱셈이 덧셈과 연결된다.

생각해보기 1.27

주어진 지수 함수 $f(x) = a \cdot b^x$, $a > 0$, $b > 0$와 주어진 실수 r, s, t에서 s는 r과 t의 중간에 있는 경우 (즉, s는 r과 t의 산술평균 $s = \frac{r+t}{2}$이다) $f(s)$는 $f(r)$과 $f(t)$의 기하평균이라는 것을 보여라.
즉, $f(s) = \sqrt{f(r) \cdot f(t)}$ 임을 보여라.

기하평균이 산술평균보다 작다는 흥미로운 사실은 지수 함수의 그래프에서 드러난다. 지수 함수 $f(x) = a \cdot b^x$, $a > 0$, $b > 0$의 그래프를 보면 모든 그래프가 위로 커브 모양임을 알아차릴 수 있다. 사실 이런 지수 함수에서 임의의 두 점을 잡으면 두 점 사이의 지수 함수 그래프는 [그림 1.24]의 예제에서 보는 것처럼 두 점을 연결시킨 선 아래쪽에 놓인다. 특히 x값이 $x = r, x = s, x = t$ (s는 r과 t의 중간에 있을 때)에서 $f(s)$는 $f(r)$과 $f(t)$의 절반보다 작다.

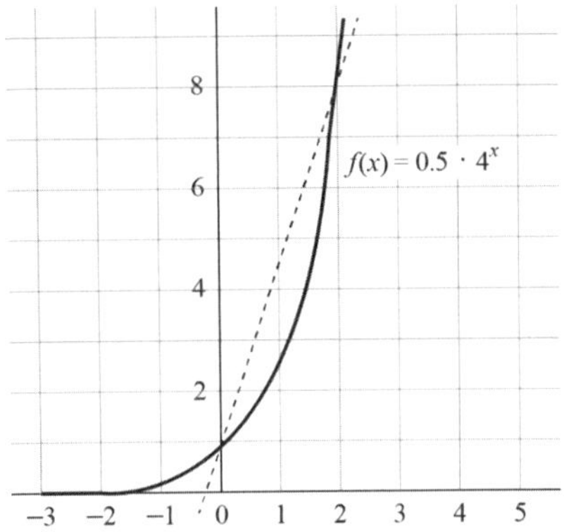

[그림 1.24] 기하평균은 산술평균보다 명백히 작다.

4) 삼각 함수

삼각 함수는 두 가지 이유에서 중요하다. (1) 삼각 함수는 알려진 길이와 알려진 각으로 알려지지 않은 길이를 구할 방법을 제공한다. 따라서 다양한 응용에 유리하다(필수 이해 3e). (2) 삼각 함수는 가장 자연스러운 주기 함수이고 어떤 주기 함수를 예측하는 데 사용될 수 있다. 이 절은 (1)의 내용을 설명하는 몇 가지 특수한 예제에 초점을 둔다.

필수 이해 3e

삼각 함수는 주기 함수의 자연스럽고 기본적인 예이다. $0°$와 $90°$ 사이의 각에 대하여 삼각 함수는 직각삼각형 변의 길이 사이의 비로 정의된다. 닮은 삼각형에서 변의 길이의 비가 같기 때문에 삼각 함수는 잘 정의되었다. 일반각에 대하여 사인 함수와 코사인 함수는 원 위의 점의 x좌표와 y좌표 또는 원 운동을 x축과 y축으로 투사한 것으로 볼 수 있다.

❶ 삼각 함수 정의

가장 기초적인 형식인 기본 삼각 함수는 직각삼각형에 대해 사인, 코사인, 이와 관련된 탄젠트 함수(이차적인 삼각 함수로 코시컨트, 시컨트, 코탄젠트)로 정의된다. 각 θ가 있는 주어진 직각삼각형은 다음과 같은 정의를 가진다.

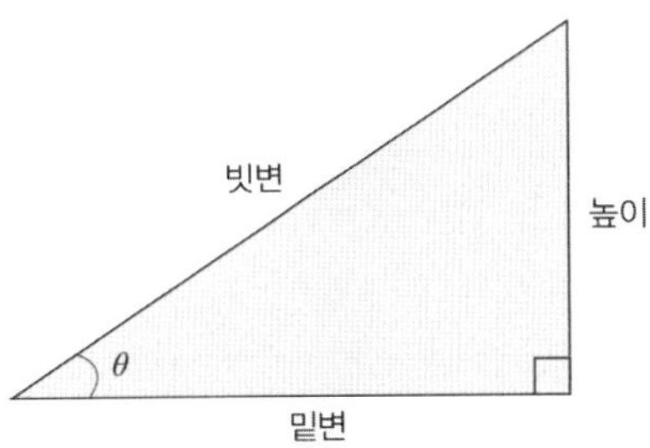

$$\sin\theta = \frac{\text{높이}}{\text{빗변}},\ \cos\theta = \frac{\text{밑변}}{\text{빗변}},\ \tan\theta = \frac{\text{높이}}{\text{밑변}}$$

각 경우에 **빗변**은 직각삼각형의 빗변의 길이를 나타낸다. 그리고 **밑변**은 직각삼각형에서 θ에 붙어 있는 쪽이고 **높이**는 반대쪽에 있는 변의 길이를 나타낸다.

삼각 함수를 이런 식으로 정의할 때 자연스럽게 생겨나는 질문이 있다. 이런 함수들은 각 θ에만 관련되는 것일까 아니면 각들 중 하나인 θ를 선택하는 그 특별한 삼각형이 관련되는 것일까? 결국 주어진 예각 θ는 여러 각들 중 하나로 θ를 가지는 직각삼각형을 선택하는 것이다([그림 1.25]에서처럼 좀 더 크거나 좀 더 작은 각일수도 있다). 이 질문에 답하기 위한 주요한 포인트는 [생각해보기 1.28]에서 탐구하려고 하는 삼각형 닮음에 있다.

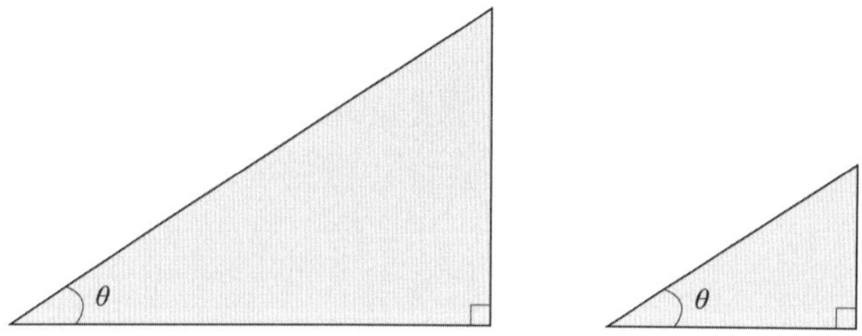

[그림 1.25] 같은 예각 θ를 가지지만 변의 길이가 다른 두 직각삼각형

생각해보기 1.28

삼각 함수를 정의하는 데 삼각형 닮음이 왜 중요한가?

세 각이 같은 삼각형 닮음 조건에 따르면 같은 예각 θ를 가지는 임의의 두 직각삼각형은 반드시 닮음이다. 삼각형의 내각의 합은 180°이므로 각각의 삼각형인 θ, 90°, $(90-\theta)°$인 각을 가지고 여기에 세 각이 같다는 조건을 적용하면 닮음이다. 대응하는 변 사이의 비는 닮은 삼각형에서 같으므로 삼각 함수의 값은 우리가 선택할 특정 삼각형이 아니라 단지 각과 관련되는 것이다.

만약 위에서의 정의만을 사용하게 되면 각을 "각도"로만 측정한다고 가정하는 것이기 때문에 (0, 90)까지의 열린구간으로만 한

정하게 될 것이다. 삼각 함수의 정의역을 확장하는 익숙한 방법으로 이 함수을 원점을 중심으로 반지름이 1인 원 위의 점에 대한 x, y값으로 정의할 수 있다. 주어진 각 θ에 대해서 양의 x축에서 각 θ를 만들어 원점에서 뻗은 반직선을 생각해보자. 이 반직선은 [그림 1.26]에서 묘사하는 대로 원 위의 한 점을 지난다.

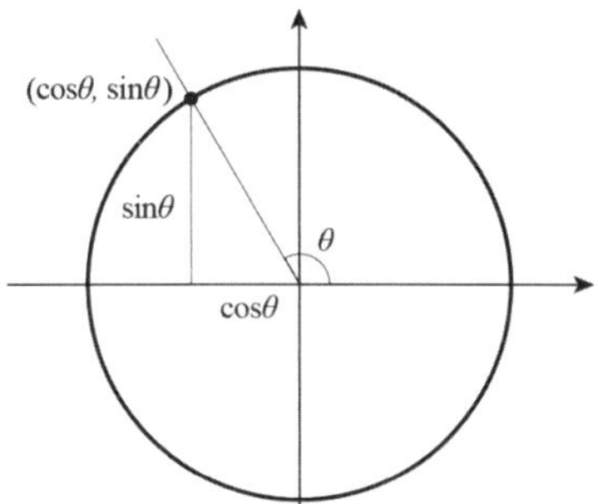

[그림 1.26] 단위원의 한 점의 좌표에서 사인과 코사인

$\sin\theta$는 이 점에서 y좌표로 정의되고 $\cos\theta$는 x좌표, 다른 삼각 함수는 각각 $\sin\theta$와 $\cos\theta$에 따라 정의된다. 즉, $\sin\theta$와 $\cos\theta$는 그 점이 극좌표로는 $(1,\ \theta)$에서 직각좌표에서는 $(\cos\theta,\ \sin\theta)$로 정의되는 것이다. 이런 식으로 보면 사인과 코사인은 원점을 중심으로 반지름이 1인 원 위의 x, y점들로 반드시 투사된다(필수 이해 3e). 만약 그런 원을 반지름이 r이 되도록 만들면 그 원 위의 x좌표와 y좌표는 극좌표 $(r,\ \theta)$인 원 위의 점이 되고 $r\cos\theta$와 $r\sin\theta$가 된다.

필수 이해 3e

삼각 함수는 주기 함수의 자연스럽고 기본적인 예이다. 0°와 90° 사이의 각에 대하여 삼각 함수는 직각 삼각형 변의 길이 사이의 비로 정의된다. 닮은 삼각형에서 변의 길이의 비가 같기 때문에 삼각 함수는 잘 정의되었다. 일반각에 대하여 사인 함수와 코사인 함수는 원 위의 점의 x좌표와 y좌표 또는 원 운동을 x축과 y축으로 투사한 것으로 볼 수 있다.

❷ 각도와 라디안

각은 각도나 라디안으로 설명할 수 있기 때문에 삼각 함수를 다룰 때는 사용하고 있는 단위가 무엇인지를 명확히 해야만 한다. 라디안을 사용하면 단위원의 일부분의 길이에 대한 각의 크기를 설명하게 되고 각의 측정을 길이와 연결하게 된다. 즉, 만약에 반지름이 1인 원에서 주어진 각의 꼭짓점이 중심에 있으면 각은 원의 호을 자르게 된다. 그리고 그 호의 길이는 라디안에서 각의 값이 된다.

라디안 값은 원에서 호의 길이에 관련되기 때문에 각도보다 더 자연스러운 각의 측정값이다. 각도에서는 많은 요소들 때문에 계산에서의 편이성을 위해서 직선 각을 180°라는 임의적인 값에 배정하는 것이다.

❸ 사인과 코사인의 적용 : 원 모양 아치

원의 호를 생각하면 자연스럽게 사인과 코사인이 떠오른다. 실생활에서 원의 호가 관련되는 상황은 어떤 것일까? 한 가지 경우가 건축인데 활모양 아치를 주로 사용한다. 둥근 활모양을 설명하기 위해서 건축가들은 [그림 1.27]에서 설명하는 것처럼 활모양의 폭과 높이를 사용할 수 있다. 둥근 활 모양은 원에 있는 호에 기초한다.

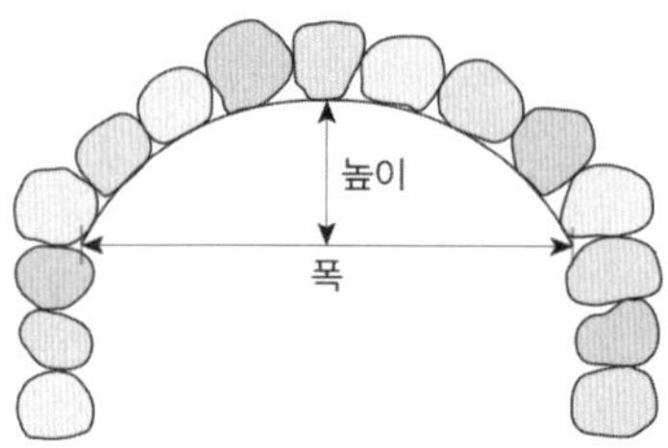

[그림 1.27] 활모양의 폭과 높이

그래서 활모양의 폭과 높이는 그 호의 각과 원의 반지름에 관련 된다. [생각해보기 1.29]는 이런 요소들 사이의 관계를 고려하게 한다.

생각해보기 1.29

활모양인 호의 각과 반지름에 대한 함수를 통해 둥근 활의 폭과 높이를 설명하라.

반지름 r인 원에서 주어진 호를 생각해보자. [그림 1.28]에서처럼 양의 x축이 호를 반으로 나누는 그런 호가 자리하고 있다. 원래 호의 각이 θ라면 각각의 호의 절반 각은 $\frac{\theta}{2}$가 되고 호에서 위쪽 끝점의 x좌표와 y좌표는 $r\cos\left(\frac{\theta}{2}\right)$와 $r\sin\left(\frac{\theta}{2}\right)$가 된다.

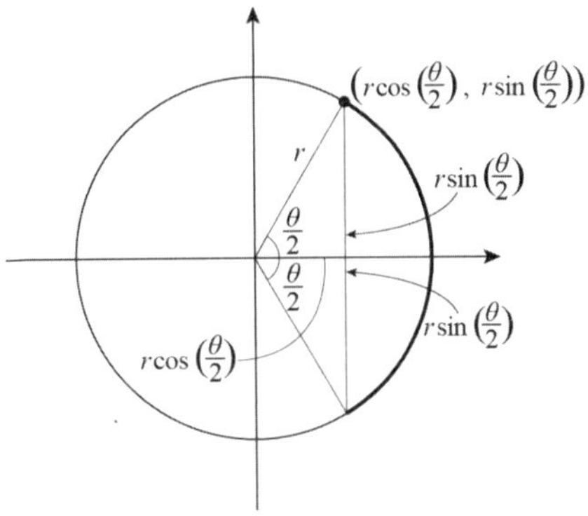

[그림 1.28] x축으로 반이 나뉘는 원 위의 호

따라서 반지름이 r인 원에서 호의 각이 θ가 되면 활모양의 폭은 $2r\sin\left(\frac{\theta}{2}\right)$이고 높이는 $r-r\cos\left(\frac{\theta}{2}\right)$가 된다. 원에서 길이와 각의 관점에서 활모양을 보면 필수 이해 3e에서 설명하는 것처럼 활의 폭과 높이를 묘사하는 삼각 함수를 사용할 수 있다.

필수 이해 3e
삼각 함수는 주기 함수의 자연스럽고 기본적인 예이다. 0°와 90° 사이의 각에 대하여 삼각 함수는 직각삼각형 변의 길이 사이의 비로 정의된다. 닮은 삼각형에서 변의 길이의 비가 같기 때문에 삼각 함수는 잘 정의되었다. 일반각에 대하여 사인 함수와 코사인 함수는 원 위의 점의 x좌표와 y좌표 또는 원 운동을 x축과 y축으로 투사한 것으로 볼 수 있다.

❹ 사인과 코사인의 적용 : 반구 모양 모자 코바늘뜨기

[그림 1.29]와 같은 반구 모양의 모자를 코바늘뜨기를 한다면, 모자의 꼭대기에서 같은 중심을 가진 여러 원들로 코바늘뜨기를 시작할 수 있다. 각각 코바늘뜨기한 원들은 바늘땀의 개수로 만들어진다. 바늘땀은 다음 줄로 갈수록 많아지고 그래서 각 원은 이전 줄의 원보다 좀 더 커진 원이 된다.

[그림 1.29] 동심원으로 코바늘뜨기한 반구 모양 모자의 옆면

반구 모양의 모자를 코바늘뜨기하는 사람에게 각 줄에 필요한 바늘땀이 얼마나 되는가? 라는 질문은 자연스러운 것이다. 물론 각 줄에 필요한 바늘땀의 수는 모자의 크기나 실의 두께에 달려 있다. 원주가 24인치인 반구 모양 모자의 코바늘뜨기를 한다고 가정해보자. 이때 바늘땀의 폭은 $\frac{2}{5}$인치이며 높이가 $\frac{2}{5}$인치인 실을 고른다. [생각해보기 1.30]에서는 각 줄에 필요한 바늘땀의 수에 대한 자연스러운 질문을 다른 식으로 진술한다.

생각해보기 1.30

> 반구 모양의 N번째 줄에서 코바늘뜨기에 필요한 바늘땀을 대략적으로 설명하는 함수는 무엇인가?

모자는 원주가 24인치인 구의 절반이고 모자의 꼭대기에서 가장자리까지의 호는 원의 $\frac{1}{4}$이기 때문에 모자의 꼭대기에서 가장자리까지 길이는 24÷4이므로 6인치가 되어야만 한다. 그러므로 모자를 만들 줄은 $6 \div \frac{2}{5}$(또는 15) 줄로 코바늘뜨기하는 것이 효율적일 것이다. 각 줄은 원이기 때문에 줄의 길이는 그 원의 원주가 되고 $2\pi \cdot r(N)$ ($r(N)$은 N번째 줄의 원의 반지름)이 된다. 각 바늘땀은 폭이 $\frac{2}{5}$인치이기 때문에 N번째 줄에서 필요한 바늘땀의 수는 $\frac{5}{2} \cdot 2\pi \cdot r(N) = 5\pi \cdot r(N)$이다. [생각해보기 1.31]은 $r(N)$에 관해 탐구한다.

생각해보기 1.31

> 반구 모양 모자의 N번째 줄의 반지름인 $r(N)$에 대한 공식은 무엇인가?
> 위의 공식에 따르면 모자의 N번째 줄에 필요한 바늘땀의 수를 구하는 공식은 무엇인가?

[생각해보기 1.30]과 [생각해보기 1.31]은 코바늘뜨기한 모자에 대한 내용이고 이것은 활의 폭에 대한 [생각해보기 1.29]와 밀접하게 관련된다. 이 모자를 모자 꼭대기에서 아래쪽으로 절반을 자른다고 상상해보자. 자른 단면은 반원이 되고 모자의 꼭대기에서 단면의 끝까지는 원의 $\frac{1}{4}$면이 된다. 이 원의 $\frac{1}{4}$부분은 15번째 줄부터 만들어지고 각 줄은 6°인 호를 이룬다. 이때 반원을 평면에 놓으면 모자의 끝은 양의 x축 위에 있고 바닥 모서리는 y축 위에 있게 된다. 코바늘 뜬 각 줄은 점점 더 큰 호를 만들고 이것의 절반은 [그림 1.30]처럼 x축 위에 있고 절반은 아래쪽에 있다.

N번째 줄을 코바늘을 뜨고 나면 x축 위에 $6N°$인 호의 부분이 만들어진다(각 줄은 6°인 호를 만들기 때문에). 전체 원의 원주가 24인치이기 때문에 이것의 반지름은 $\frac{12}{\pi}$인치이다. 그러면 [그림 1.30]에서 알 수 있는 것처럼 N번째 줄의 반지름은 $\frac{12}{\pi}\sin(6N)$인치가 된다. 결국 N번째 줄의 $\frac{2}{5}$인치 바늘땀의 수는 대략 $5\pi \cdot \frac{12}{\pi} \cdot \sin(6N)$ 또는 $60\sin(6N)$이다.

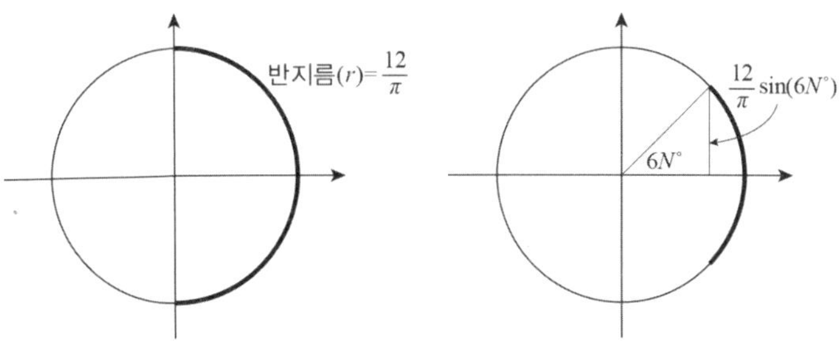

(a) 완전히 자른 면　　(b) 일부만 자른 면

[그림 1.30] 반구 모양 모자의 (a)완전히 자른 면 (b)일부만 자른 면

원의 각과 길이를 이용하면 필수 이해 3e에서 설명하는 것처럼 삼각 함수를 이용해 모자 코바늘뜨기에 필요한 바늘땀의 수를 설명할 수 있다. 비록 모자를 뜨는 사람들은 삼각법을 이

필수 이해 3e

삼각 함수는 주기 함수의 자연스럽고 기본적인 예이다. 0°와 90° 사이의 각에 대하여 삼각 함수는 직각삼각형 변의 길이 사이의 비로 정의된다. 닮은 삼각형에서 변의 길이의 비가 같기 때문에 삼각 함수는 잘 정의되었다. 일반각에 대하여 사인 함수와 코사인 함수는 원 위의 점의 x좌표와 y좌표 또는 원 운동을 x축과 y축으로 투사한 것으로 볼 수 있다.

용하는 게 필요하다고 느끼지 않을 수도 있지만 코바늘뜨기가 삼각법으로 설명될 수 있다는 것은 실로 놀랍고 신기하다.

❺ 사인과 코사인의 적용 : 비스듬한 원기둥에서 패턴 만들기

밑변이 없는 원기둥을 만드는 것은 쉽다. 직사각형 모양의 종이 반대쪽 끝을 붙이기만 하면 된다. 그렇지만 종이로 비스듬한 원기둥을 만드는 것은 어떻게 할 수 있을까? 비스듬한 원기둥을 만드는 한 가지 방법은 원기둥을 만들고 [그림 1.31]에서 보여주는 것처럼 원기둥의 바닥과 평행도 아니고 수직도 아닌 한 쌍의 평행한 면으로 원기둥의 꼭대기와 바닥을 일부분 잘라내는 것이다.

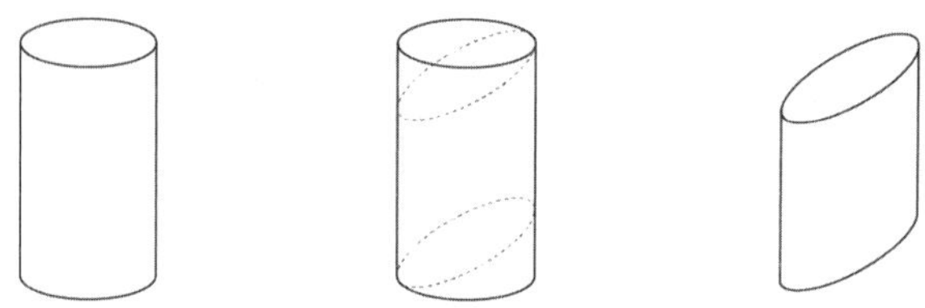

(a) 원기둥 (b) 두 평행인 면으로 자른다 (c) 비스듬한 원기둥 결과물

[그림 1.31] 비스듬한 원기둥을 만들기 위해 평행인 면으로 원기둥 자르기

종이로 비스듬한 원기둥을 만들려면 먼저 직사각형 모양의 종이를 선택해서 원기둥이 되도록 반대쪽 끝을 붙인다. 이제 [그림 1.32]와 같이 비스듬한 원기둥을 만들기 위해 한 쌍의 평행인 면으로 종이 원기둥을 자르는 것을 생각해보자. 마지막으로 테이프를 떼고 종이가 평평해지도록 비스듬한 종이 원기둥을 펼치는 것을 생각하자. 이제는 종이의 꼭대기와 바닥의 모서리가 잘려져있다. [생각해보기 1.32]는 모서리를 자르는 상황을 생각하게 한다.

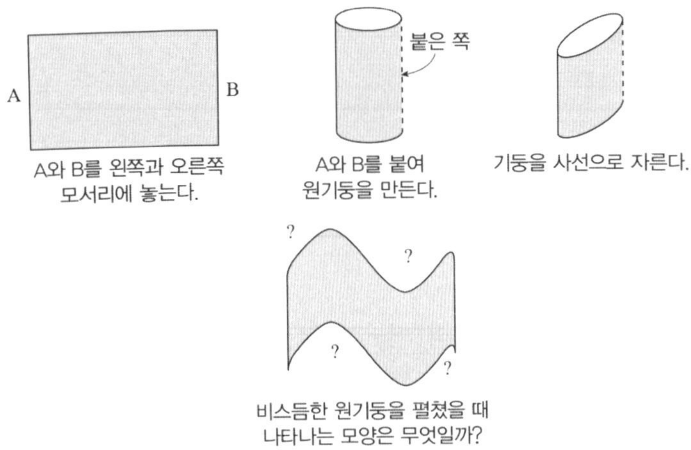

[그림 1.32] 원기둥을 잘라서 만든 비스듬한 원기둥 펼치기

생각해보기 1.32

> 모서리를 자르면 어떤 모양이 될 것이라 생각되는가? 함수를 이용해서 모서리 자른 것을 설명할 수 있는가? 만약 그렇다면 어떻게 설명할 것인가? 또 그런 함수는 어떤 특징을 지니는가?

[생각해보기 1.32]의 질문을 이론적으로 살펴보기 전에 우선 실생활과 관련지어 살펴보도록 하자. 만일 사용 가능한 나무못과 톱을 가지고 있다면 나무못 주변을 직사각형 종이로 둘러싸라. 그러면 종이는 원기둥 모양이 될 것이다. 여러 개의 중심이 같은 종이 원기둥을 만들려면 그 종이로 나무를 여러 번 둘러싸면 된다. 여기에 비스듬한 원기둥을 만들려면 톱을 이용해 나무못과 종이를 자른다. 자르는 면은 못의 끝부분과 평행도 아니고 수직도 아닌 면이어야만 한다(만약 못이나 톱이 없다면 종이를 말아서 톱으로 자른 것처럼 가위로 자르면 된다. 하지만 종이를 먼저 평평하게 펼친 후에 자르면 이렇게 할 수 없다는 것은 명심해라). 종이를 펼치고 자른 모서리를 관찰하자. [생각해보기 1.33]은 이런 실험을 통해서 [생각해보기 1.32]의 내용을 다시 생각해보게 만든다.

생각해보기 1.33

자른 모서리는 무엇처럼 보이는가? 익숙한 함수의 그래프인가?
자른 모서리를 함수의 그래프로 그리고 왜 그 함수가 자른 모서리를 묘사해야만 하는지를 이론적으로 설명해라.

만약에 한 쌍의 평행인 면으로 원기둥을 잘라서 만든 비스듬한 종이 원기둥을 펼치면 자른 모서리는 사인이나 코사인 곡선과 닮았을 것이다. 사인이나 코사인 곡선은 앞에서 묘사한 대로 못 주위를 종이로 여러 번 둘러싸면 명확하게 보일 것이다.

자른 모서리는 왜 사인이나 코사인 곡선이 되어야만 하는 걸까? 자른 모서리는 분명히 주기 함수의 그래프가 되어야 한다. 왜냐하면 못의 같은 점에 놓인 종이의 위치가 종이의 원래 모서리의 높이와 같기 때문이다. 하지만 이것이 자른 모서리가 사인 함수나 코사인 함수라는 것을 증명하는 것은 아니다. 더군다나 어떻게 종이의 자른 모서리를 특정 함수로 모델화할 수 있을까? 이런 예제는 실생활에서 그것에 대한 구체적인 양적 추측을 만들고(모자 코바늘뜨기 상황처럼) 그 상황을 수학적인 함수로 모델링하는 좋은 경험을 제공한다. [생각해보기 1.34]는 이런 과정을 탐구한다.

생각해보기 1.34

종이를 말아서 원기둥을 만드는 것에 대한 구체적인 양적 추측을 세워라. 그리고 그 종이를 잘라서 비스듬한 원기둥의 밑면이 될 비스듬한 평면들 중 하나에 대한 구체적인 추측을 세워라.
원래의 종이 모서리에서 원기둥의 밑면이 되는 자른 모서리의 높이를 설명하는 데 위의 추측들을 이용하라.

다음에 나올 논의는 여러분이 만든 것과 다를 수도 있는 몇 가지 추측을 만들 것이다. 자른 모서리를 설명하는 함수가 여러분이 생각한 것과 다소 다를 수도 있다. 우선 원기둥의 반지름을 1로 잡는다. 그러고 나서 원기둥이 xy평면에 서 있는 것으로 보면 원기둥의 바닥면은 [그림 1.33]에서처럼 원점이 중심이고 반지름이 1인 원이 된다.

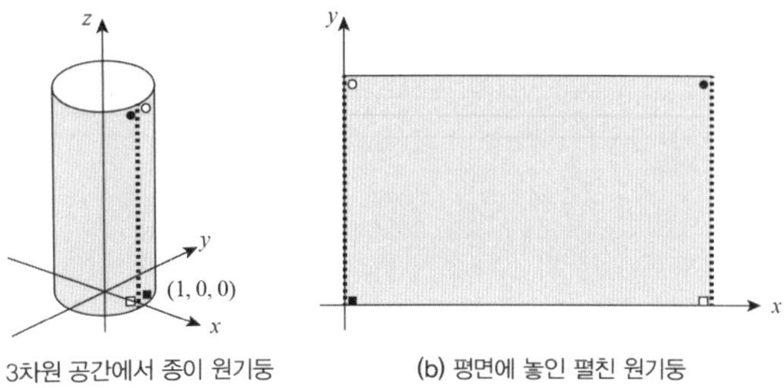

[그림 1.33] (a) 3차원 공간과 (b) 펼친 후 평면에 놓은 종이 원기둥

원기둥을 만들기 위해 직사각형 모양의 종이를 시계 반대 방향으로 돌돌 말아보면 바닥의 왼쪽 코너는 점 (1, 0, 0)이 된다. 이 직사각형 모양의 종이를 다른 좌표평면의 1사분면에 위치하도록 펼쳐보자. 그러면 [그림 1.33]과 같이 종이의 아래쪽과 왼쪽 모서리는 원점에 있고 원기둥의 밑면을 감싼 종이의 바닥 모서리는 양의 x축 쪽에 놓이게 된다. 이제 비스듬한 밑면을 만들기 위해 원기둥을 자른 평면을 방정식 $z=x+1$이라고 추측해보자(만약에 이 추측을 1을 더하지 않고 $z=x$라고 했다면 그 평면은 종이에서 많은 부분이 빠진 것일 것이다). [생각해보기 1.35]는 이런 추측들의 유용함에 대해 증명한다.

생각해보기 1.35

앞의 추측들을 사용해서 종이의 모서리를 자르고 펼쳐서 묘사한 것처럼 종이를 xy평면에 놓고 함수의 그래프로 생각해보자. 이 함수의 공식을 만들고 함수가 이 공식이 되는 이유를 설명하라.

함수의 그래프로서 종이의 자른 모서리를 설명하기 위해서 원래의 모서리에서 자른 모서리의 높이를 찾아야만 한다. 그리고 3차원 공간에서 (xy평면 위에 서 있는) 원기둥을 또 다른 xy평면의 일사분면에 종이를 펼쳤을 때의 원기둥으로 변환해야만 한다. 이런 변환은 원기둥의 3차원 공간에서 원통좌표계로 하면 매우 자연스러운 일이다. 즉, x나 y 대신에 z좌표로 되어 있는 극좌표를 사용한다면 일반적인 것이 된다. 원기둥을 자른 평면은 직각좌표계에서 $z=x+1$로 주어지고 이것은 원통좌표계로는 $z=r\cos\theta+1$이 된다. 원기둥에서 $r=1$이면 자른 모서리의 높이 $z=\cos\theta+1$이 된다. 이제 xy평면으로 종이를 펼친 것으로 변환하자. 3차원 공간에서 원통좌표계에 대한 각을 측정할 때 라디안을 사용한다는 것을 명심하고 이 각들은 xy평면에서는 "x"가 된다(원기둥의 반지름이 1이 되게 고르면 아주 쉽게 만들 수 있다. 만약에 다른 반지름을 선택한다면 x에 그 반지름을 곱하면 될 것이다). 결국 평면에 종이를 펼치면 자른 모서리의 높이 y는 $y=\cos x+1$로 주어진다. 만약에 비스듬한 원기둥에 대한 종이 패턴을 만든다면 두 개의 코사인 곡선을 종이에 그린다. 그러면 하나의 곡선이 다른 곡선의 위로 옮겨가게 된다. 비스듬한 원기둥을 만들려면 간단히 이 곡선들을 따라 자르고 나서 자르지 않은 두 모서리를 합치면 된다.

바느질을 했었다면 아마도 비스듬한 원기둥 같은 패턴을 보았을 것이다. 보통 옷의 소매는 어깨의 일부분과 하나인 것처럼 모양낸 것이지만 이 또한 비스듬한 원기둥이기 때문이다.

삼각 함수는 각의 합에 대한 사인과 코사인을 포함해서 아직 논의하지 않은 여러 가지 흥미롭고 중요한 면들을 가진다. 삼각 함수에 대한 주요 개념들의 요약은 Hill(2007)의 논문을 참조하라.

핵심 아이디어 4

함수의 결합과 변환

사칙연산(합, 차, 곱, 몫)과 합성을 이용하여 함수를 결합할 수 있다. 또한 존재하는 경우 역함수를 구할 수도 있다. 어떤 함수로부터 변환된 것인가의 관점에서 함수를 분석할 수 있다.

Big idea

수학 전반에서 이용되는 중요한 기법 중 하나는 수학적 대상 또는 상황을 부분으로 나누어 분석한 후, 결론을 이끌어내기 위해 그 부분들을 다시 모아 종합하는 것이다. 예를 들어, 분배법칙을 이용하면 여러 자리 곱셈을 한 자리 곱셈으로 나누어 계산할 수 있다. 어떤 대상을 (머릿속으로) 부분으로 분해해서 각 부분에 부피공식을 적용하여 그 대상의 부피를 결정하기도 한다. 또한 함수를 결합, 분해, 변환하여 함수를 분석하고 함수의 그래프 사이의 관계를 이해할 수 있다. 미적분에서 함수의 합, 차, 곱, 몫 그리고 합성에 관한 도함수를 구하는 공식이 존재하기 때문에 함수를 분해하는 것은 매우 유용하다.

1) 함수의 사칙연산(합, 차, 곱, 몫)

함수는 $\sin x - \cos x$와 같이 다른 함수의 합 또는 차로 나타내거나 $\frac{x}{e^x}$와 같이 다른 함수의 곱 또는 몫으로 나타낼 수 있다. 또한 $\frac{x-1}{x+1} - x\sin x$와 같이 다른 함수들의 합, 차, 곱, 몫으로 나타낼 수도 있다.

필수 이해 4a에 제시된 것처럼 정의역이 같고 공역이 실수인 두 함수 f, g에 대하여 새로운 함수 $f+g$, $f-g$, $f \cdot g$, $\frac{f}{g}$를 다음과 같이 정의할 수 있다. 이 함수들은 함수 f와 g의

필수 이해 4a
같은 정의역에서 실수로의 함수는 서로 더하거나 빼거나 곱하거나 나눌 수 있다(나누는 경우 정의역이 달라질 수도 있다).

정의역과 동일한 정의역을 가진다. 단, 함수 $\frac{f}{g}$에서는 $g(x)=0$인 x값들은 정의역에서 제외된다.

$$(f+g)(x)=f(x)+g(x)$$
$$(f-g)(x)=f(x)-g(x)$$
$$(f\cdot g)(x)=f(x)\cdot g(x)$$
$$\left(\frac{f}{g}\right)(x)=\frac{f(x)}{g(x)} \quad (\text{단, } g(x)\neq 0)$$

상수 함수를 더하고 곱하는 것은 함수의 그래프에 미치는 영향을 쉽게 설명할 수 있어서 특별한 관심을 갖는다. [생각해보기 1.36]은 상수 함수의 합과 곱이 미치는 영향을 보여준다.

생각해보기 1.36

상수 함수를 더하는 것이 함수의 그래프에 미치는 영향은 무엇인가?
상수 함수를 곱하는 것이 함수의 그래프에 미치는 영향은 무엇인가?
예를 들어, $g(x)=2$, $g(x)=0.5$, $g(x)=-2$ 등의 상수 함수를 함수 $f(x)=x^2$에 곱하면 그래프에 미치는 영향은 무엇인가?

상수 함수 $g(x)=c$(c는 상수)를 정의역이 실수인 함수 f에 더해서 나오는 함수 $f+g$의 그래프는 $c>0$이면 위로, $c<0$이면 아래로 $|c|$만큼 수직 방향(y축 방향)으로 이동한다. 예를 들어, c가 실수이면 $y=x^2+c$의 그래프는 $y=x^2$의 그래프를 y축 방향으로 c만큼 평행이동한 것이다.

어떤 함수에 상수 함수를 곱하면 함수의 그래프는 상수의 크기에 따라 y축에 가까워지거나 멀어지며, 상수가 음수인 경우는 그래프가 x축에 대칭이 된다. [그림 1.34]에서 $y=c\cdot x^2$ ($f(x)=c$, $g(x)=x^2$일 때, $(f\cdot g)(x)$인 함수)의 그래프는 상수 c의 값에 따라 다른 그래프임을 알 수 있다.

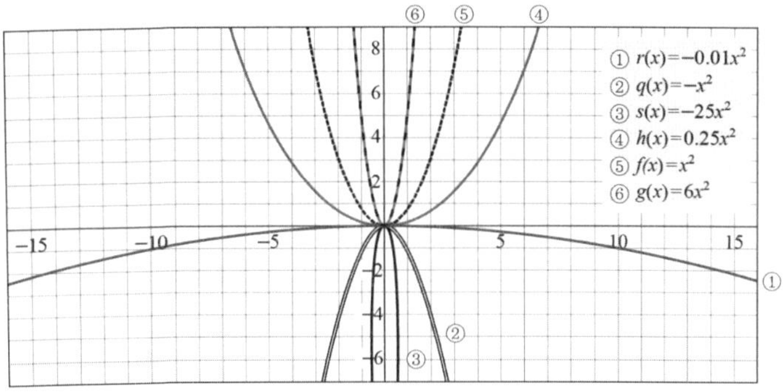

[그림 1.34] $f(x)=c$, $g(x)=x^2$일 때, 함수 $(f \cdot g)(x)$의 그래프

매우 흥미로운 사실은 상수 c가 양수일 때, $y=x^2$의 그래프를 "확대" 또는 "축소"하거나 x축과 y축의 눈금을 조절함으로써 이러한 그래프들을 얻을 수 있다는 것이다. 왜 그런지 이유를 알아보기 위해 k는 양수, D_k는 원점을 중심으로 하는 k만큼 확장(dilation)하여 평면을 평면으로 보내는 사상으로 $D_k(x, y)=(kx, ky)$라 하자. 그러면 D_k는 평면에서 구간 $(-1 \le x \le 1,\ -1 \le y \le 1)$인 평면에서의 정사각형 "창"을 $(-k \le x \le k,\ -k \le y \le k)$인 "창"으로 보내는 사상임을 알 수 있다. 이때, $k>1$이면 D_k는 "축소"하는 효과가 있고, $k<1$이면 D_k는 "확대"하는 효과가 있다. [생각해보기 1.37]에서 이 문제를 탐구해보자.

생각해보기 1.37

그래프 계산기를 이용하여 함수 $y=x^2$의 그래프 위의 다양한 점에 대하여 D_2(원점을 중심으로 하는 2배 확장)의 효과를 조사하여라.

$y=c \cdot x^2$ 형태의 어떤 그래프의 점들과 겹치는가?

$y=x^2$의 그래프 위의 여러 점들에 대한 $D_{\frac{1}{2}}$(원점을 중심으로 하는 $\frac{1}{2}$배 확장)의 효과를 조사하여라.

$y=c \cdot x^2$ 형태의 어떤 그래프의 점들과 겹치는가?

D_k에 의해 $y=x^2$의 그래프 위의 점들, 즉 $(x,\ x^2)$ 형태의 점들이 $y=\frac{1}{k}x^2$의 그래프 위의 점인 $(kx,\ kx^2)=\left(kx,\ \frac{1}{k}(kx)^2\right)$에 대응된다는 점에 주목하여라. c가 양의 상수일 때, $y=c\cdot x^2$ 형태의 모든 그래프는 $y=x^2$의 그래프가 축소 또는 확대된 것으로 볼 수 있다. 따라서 $y=x^2$의 그래프를 그린 후 축 위의 눈금을 지우면 더 이상 그 그래프는 $y=x^2$의 그래프라고 말할 수 없다.

[그림 1.35]는 $y=x^2$과 $y=\frac{1}{2}x^2$의 그래프이다. 두 그래프는 좌표축의 눈금을 무시하면 매우 유사하다. 마찬가지로 그래프 계산기의 화면 창을 (x의 최솟값, x의 최댓값, y의 최솟값, y의 최댓값)으로 선택하면 [그림 1.36]처럼 $y=4x^2$의 그래프를 $y=x^2$의 그래프와 유사하게 만들 수 있다.

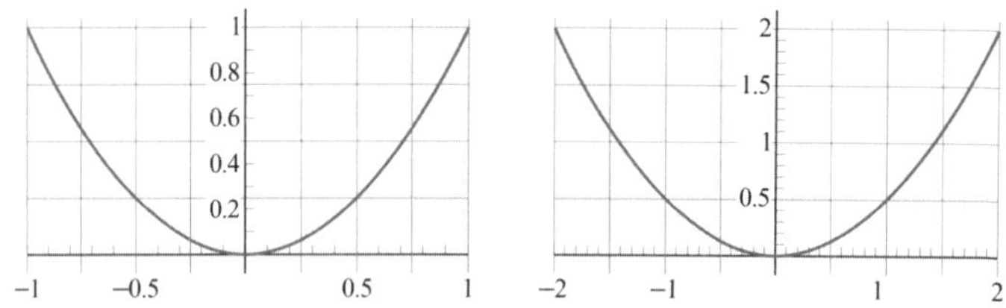

(a) $y=x^2(-1\le x\le 1 \text{ and } 0\le y\le 1)$ (b) $y=0.5x^2(-2\le x\le 2 \text{ and } 0\le y\le 2)$

[그림 1.35] 좌표축의 눈금이 그래프를 유사하게 보이게 한다.

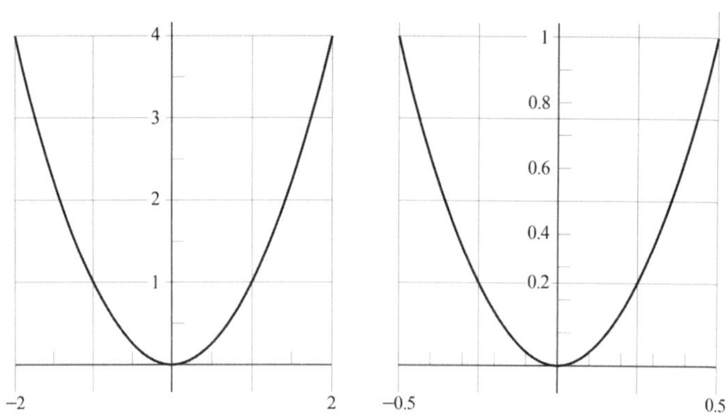

(a) $y=x^2(-2\le x\le 2 \text{ and } 0\le y\le 4)$ (b) $y=4x^2(-0.5\le x\le 0.5 \text{ and } 0\le y\le 1)$

[그림 1.36] 화면 창이 그래프를 유사하게 보이게 한다.

2) 함수의 합성

두 함수 f, g에 대하여 f와 g의 **합성함수** $f \circ g$는 입력값 a에 출력값$f(g(a))$를 대응시키는 함수이다. 두 함수 f와 g의 합성함수 $f \circ g$는 먼저 a에 $g(a)$를 대응시킨 다음 $g(a)$를 다시 $f(g(a))$에 대응시키는 함수로 생각할 수 있다. 합성함수 $f \circ g$를 화살표 기호로 나타내면 다음과 같다.

$$a \mapsto g(a) \mapsto f(g(a))$$

예를 들어, $f(x) = \sin(x)$, $g(x) = 2x$일 때, $(f \circ g)(x) = f(g(x)) = \sin(g(x)) = \sin(2x)$이다. [생각해보기 1.38]은 f와 g의 합성함수에 관한 문제를 제기한다.

생각해보기 1.38

합성함수 $f \circ g$의 정의가 의미가 있으려면 함수 f와 g는 어떤 조건을 만족해야 하는가?

$f \circ g$의 정의가 의미가 있으려면 함수 g의 정의역의 모든 원소들에 대하여 $g(a)$는 함수 f의 정의역 안에 있어야 한다(필수 이해 4b). 일반적으로 a가 함수 g의 정의역의 원소일 때 모든 함숫값 $g(a)$의 집합인 함수 g의 치역이 함수 f의 정의역 내에 있을 때에만 $f \circ g$를 만들 수 있다. 다시 말해 $f \circ g$가 정의되기 위해서는 다음을 만족해야 한다.

$$g\text{의 치역} \subseteq f\text{의 정의역}$$

때로는 $f \circ g$를 정의하기 위해 g의 정의역을 제한해야 할 때도 있다. 예를 들어, $f(x) = \frac{1}{x}$, $g(x) = x - 2$일 때 g의 정의역을 2가 아닌 모든 실수의 집합으로 제한해야 $(f \circ g)(x) = \frac{1}{x-2}$을 정의할 수 있다.

필수 이해 4b
적합한 조건하에서 함수를 합성할 수 있다.

미적분은 x^n(n은 상수), $\sin(x)$, e^x와 같은 기본적인 함수의 도함수는 물론 함수의 합, 차, 곱, 몫, 합성함수의 도함수를 만들어 낸다. 따라서 함수를 합, 차, 곱, 몫, 합성으로 분해함으로써 많은 함수의 도함수를 구할 수 있다.

3) 그래프를 변환하기 위해 "평행이동"과 "눈금 조정(scaling)"으로 합성하기

앞에서 함수에 상수 함수를 더하면 함수의 그래프가 y축 방향으로 이동하고, 상수 함수를 곱하면 함수의 그래프는 상수의 크기에 따라 y축에 가까워지거나 멀어지며, 상수가 음수인 경우는 그래프가 x축에 대칭이 된다는 것을 논의하였다. 상수 함수를 더하거나 곱하는 것도 일종의 함수의 합성이다.

실수 k에 대하여 T_k와 S_k는 실수를 실수로 보내는 함수, $T_k(x)=x+k$, $S_k(x)=kx$라고 하자. 상수 함수 k를 함수 f에 더하면 함수 $T_k \circ f$로 나타낼 수 있고, 상수 함수 k를 함수 f에 곱하는 것은 함수 $S_k \circ f$로 나타낼 수 있다. 두 함수의 순서를 바꾸어 합성하면 어떻게 될까? 이 문제를 [생각해보기 1.39]에서 탐구해보자.

생각해보기 1.39

a. $f(x)=\sin x$일 때, 함수 f의 그래프와 $f \circ T_{\frac{\pi}{2}}$와 $f \circ S_{\frac{1}{3}}$의 그래프는 어떤 관계가 있는가?

b. 위 a에서의 상황을 좀 더 일반적으로 생각해보자. 실수에서 실수로의 함수 f에 대하여, $f \circ T_k$와 $f \circ S_k$의 그래프는 함수 f의 그래프와 어떤 관계가 있는가? 그런 관계가 성립하는 이유는 무엇인가?

$f \circ T_k$의 그래프는 함수 f의 그래프를 x축의 방향으로 평

행이동한 것이라는 것만 빼면 f와같다. k가 양수이면 x축의 음의 방향으로 k만큼 평행이동한 것이며, k가 음수이면 x축의 양의 방향으로 $|k|$만큼 평행이동한 것이다. T_k가 k를 더한 것이기 때문에 이런 이동이 모순처럼 보이지만, $(f \circ T_k)(a-k)=f(a-k+k)=f(a)$이기 때문에 $x=a-k$에서 $f \circ T_k$의 함숫값과 $x=a$일 때 f의 함숫값은 같다.

[그림 1.37]은 $f(x)=x^3$의 그래프와 $g(x)=f(T_2(x))=f(x+2)=(x+2)^3$의 그래프를 나타낸 것으로, $f \circ T_2$의 그래프는 함수 f의 그래프를 x축의 음의 방향으로 2만큼 평행이동한 것임을 알 수 있다. 임의의 수 a에 대하여 $g(a)=f(a+2)$이다. 예를 들어, $g(-2)=f(0)=0$이고 $g(0)=f(2)=8$이다.

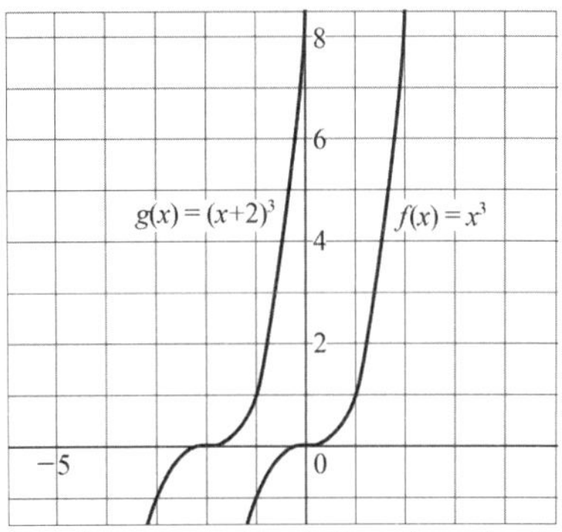

[그림 1.37] $f(x)=x^3$와 $g(x)=f(T_2(x))=f(x+2)=(x+2)^3$의 그래프

$f \circ S_k$의 그래프는 f의 그래프를 수평으로 눈금 조정하여 얻어지고, k가 음수라면 y축에 대하여 대칭이동하면 된다. $x=a$에서 $f \circ S_k$의 함숫값과 $x=x \cdot a$에서 f의 함숫값이 같기 때문에 수평으로 멀어지거나 가까워진다. 예를 들어, [그림 1.38]은 $f(x)=x^3$과 $h(x)=f(S_2(x))=f(2x)=8x^3$의 그래프를 나타낸 것이다. [그림 1.38]을 보면 $f \circ S_2$의 그래프는 f의 그래프가 수평으로 2배만큼 "축소"된 것을 알 수 있다. 임의의 수 a에 대하여 $h(a)=f(2a)$이다. 예를 들어, $h(0.5)=f(1)=1$이고 $h(1)=f(2)=8$이다.

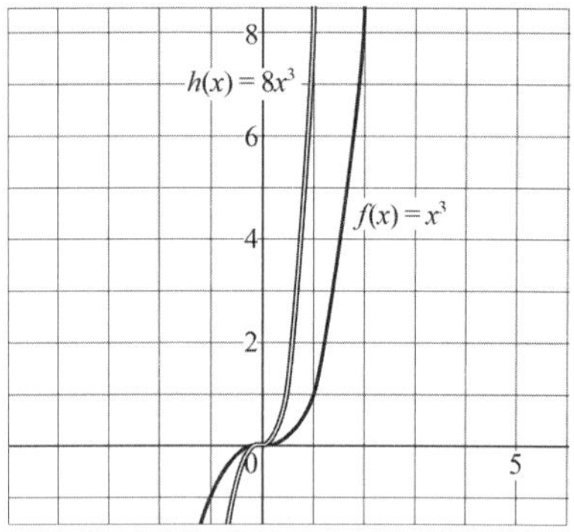

[그림 1.38] $f(x)=x^3$와 $h(x)=f(S_2(x))=8x^3$의 그래프

따라서 함수 f **뒤에** 이동과 눈금 조절 함수를 적용한($T_k \circ f$와 $S_k \circ f$) 그래프는 함수 f의 그래프를 수직 방향으로 평행이동하거나 눈금 조정으로 축소나 확대하고, 함수 f 앞에 적용하면 ($f \circ T_k$와 $f \circ S_k$) 그래프는 함수 f의 그래프를 **수평 방향으로** 평행이동하거나 멀어지거나 가까워진다. "이동"과 "눈금 조정"을 함수의 합성으로 생각하면 함수의 식과 그래프를 쉽게 예측할 수 있다는 개념은 필수 이해 4c에 나와 있다.

> **필수 이해 4c**
> 정의역과 공역이 실수인 함수의 경우, "이동" 또는 "눈금조정"을 통해 합성함수의 식이 변하고 그래프를 예상할 수 있다.

4) 역함수

함수 f에 대하여 f의 역함수, 즉 f^{-1}($\frac{1}{f}$과 혼동해서는 안 된다)는 함수 f의 정의역 안의 임의의 원소 a에 대하여 $(f^{-1} \circ f)(a)=a$인 함수이다. 함수 f에 의해 정의역의 원소 a가 $f(a)$에 대응되면, $f(a)$는 f^{-1}에 의해 다시 a로 대응되기 때문에 f^{-1}는 f를 "원상태로 돌린다"는 점에 주목하여라.

그렇지만 f^{-1}가 정의되기 위해서 함수 f는 어떤 조건을 만족해야 한다. $f(a)=f(b)$인 서로 다른 a, b가 존재하면 $f^{-1}(f(a))=f^{-1}(f(b))$는 a, b와 같아질 것이며, 이렇게 되면 f^{-1}는 함수가 아니다. 따라서 함수 f가 역함수를 갖기 위해서는 $f(a)=f(b)$인 서로 다른 a, b가 존재해서는 안 된다. 즉, 함수 f가 역함수를 갖기 위해서는 함수 f가 일대일 대응이어야 한다는 것이다(필수 이해 4d). [생각해보기 1.40]에서는 다양한 함수를 이용하여 역함수가 존재하기 위한 조건을 조사한다.

필수 이해 4d

적합한 조건에서 함수는 역함수를 갖는다. 로그 함수는 지수 함수의 역함수이다. 제곱근 함수는 제곱 함수의 역이다.

생각해보기 1.40

a. 함수 f, g, h와 zip에 대하여 역함수가 존재하는지를 판단하여라.

$f(x)=x^2(x+4)$ $\qquad$ $g(x)=x^{\frac{1}{3}}$

x	-2	-1	0	1	2	3	4
$h(x)$	4	1	0	1	4	9	16

함수 zip는 거주지의 전화번호를 거주지의 우편번호에 대응시키는 함수이다.

b. 역함수가 존재하는지를 판단하기 위해 위의 문제 a에서의 f, g, h와 같은 함수의 그래프를 어떻게 이용할 수 있는가?

[생각해보기 1.40]에서 함수 g가 유일하게 일대일 대응이다. 그 이유는 무엇인가? 함수가 일대일 대응인지를 판단하기 위한 한 가지 방법은 함수의 그래프에 대해 "수평선 검사"를 하는 것이다. x축에 평행한 직선을 그어 그래프와 두 번 이상 만나면 함수는 일대일 대응이 아니다. 함수가 일대일 대응이 아니면 정의역을 제한하여 일대일 대응이 되도록 만들어 역함수가 존재하도록 할 수 있다. 예를 들어, [생각해보기 1.40]에서 표로 제시된 함수는 $h(x)=x^2$인 이차 함수이며, $h(a)=h(-a)$이기 때문에 역함수가 존재하지 않는다. 그러나 이차 함수의 정의역을 음이 아닌 실수로 제한하면 그 제한된 함수는 역함수, 즉 $h^{-1}(x)=\sqrt{x}$가 존재한다. 역함수가 존재하는지를 판단하기 위해 [생각해보기 1.41]에 제시된 방법을 탐구하여라.

생각해보기 1.41

함수 $y=f(x)$의 역함수를 구하는 일반적인 방법은 x를 y에 관한 식으로 나타내는 것이다.
이러한 방법이 의미 있는 이유는 무엇인가?
[그림 1.39]에 그래프가 제시되어 있는 $f(x)=x^3$을 이용하여 이 방법이 적용되는 이유를 설명하여라.

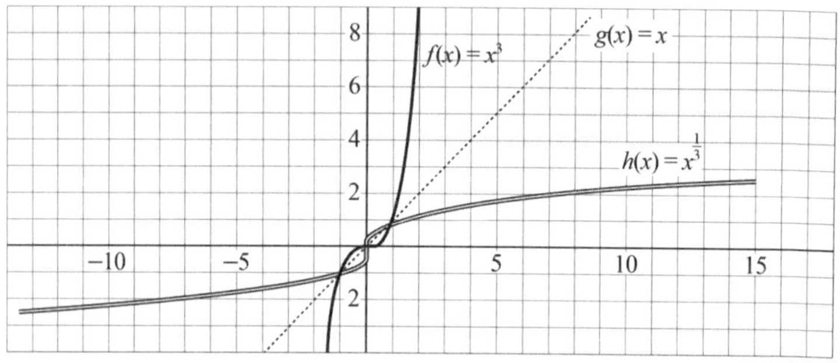

[그림 1.39] $f(x)=x^3$, $g(x)=x$, $h(x)=x^{\frac{1}{3}}$의 그래프

함수의 정의역과 치역이 실수이고 역함수가 존재하면 함수와 그 역함수의 그래프는 대각선 $y=x$에 대하여 대칭이다. 그 이유는 무엇인가? 본래의 함수가 x를 y에 대응시키는 것으로 생각하면 그 함수의 역함수는 거꾸로 y를 x에 대응시키는 것이다. 따라서 역함수를 구하기 위해 x를 y에 관한 식으로 나타내야 한다. 예를 들어, 본래의 함수가 이차 함수(정의역이 음이 아닌 실수)라면 x가 x^2에 대응되는 함수, 즉 $y=x^2$이 된다. 이 함수의 역함수는 거꾸로 y를 x에 대응시켜야 한다. $x=\sqrt{y}$이기 때문에 역함수는 y를 $\sqrt{y}$에 대응시키는 함수이다. 그러나 역함수를 변수 y 대신 x에 대해 표현하기를 원한다면 식 $y=x^2$에서 x와 y를 바꾸어 $x=y^2$으로 나타낼 수 있다. 이 식을 y에 대하여 풀면 $y=\sqrt{x}$가 된다. "x와 y를 바꾸고 y를 x로 바꾸는" 과정은 평면 위의 점을 평면 위의 점으로 보내는 대응 $(x, y)\mapsto(y, x)$가 되고, 이는 대각선 $y=x$에 대한 대칭을 의미한다.

중요한 역함수족 중 하나가 지수 함수의 역함수인 로그 함수이다. 로그 함수는 단지 양의 실수에서만 정의되며, $a^y = x$ 이면 $\log_a x = y$가 된다. 다시 말해서 $\log_a x$는 x가 되기 위한 a의 지수를 의미한다. 따라서 $y = \log_a x$는 a^x의 역함수이다. 로그 함수는 다음과 같은 두 가지 중요한 성질을 갖는다.

$$\log_a(b \cdot c) = \log_a b + \log_a c \qquad \log_a(b^c) = c \cdot \log_a b$$

이러한 성질은 다음과 같은 지수 함수의 성질로부터 유도된다.

$$a^{b+c} = a^b \cdot a^c \qquad a^{b \cdot c} = (a^b)^c$$

역사적으로 로그는 곱셈을 간단한 덧셈으로, 지수 계산을 간단한 곱셈 계산으로 전환하는 것을 가능하게 하기 때문에 중요한 계산 도구였다. 과거 사람들은 로그표를 이용하여 큰 수의 곱셈을 쉽게 하였다. 인수들의 로그값을 찾아 이를 더하고, 그 합에 대응하는 로그를 찾아 계산하였다. 여기서 로그가 지수보다 먼저 개발되었다는 사실은 흥미롭다(Klein, 1945 참조).

핵심 아이디어 5

함수의 다양한 표현

Big idea

함수를 식, 그래프, 언어, 표 등 다양한 방법으로 표현할 수 있다. 이러한 다양한 표현 사이의 연결은 관계와 변화를 탐구할 때 매우 중요하다.

> **필수 이해 5a**
> 함수는 대수식, 그래프, 언어, 표 등의 다양한 방법으로 표현할 수 있다.

앞에서 논의했듯이, 규칙 또는 식, 표, 다이어그램과 그래프, 언어적 설명 등 다양한 방법으로 관계를 표현할 수 있다. 필수 이해 5a에서는 이러한 중요한 개념을 다룬다. 함수의 다양한 표현을 통해 관계와 변화의 다양한 특징을 탐구할 수 있다.

다양한 표현 중 어느 특정한 표현을 강조한 교과서들도 있다. 예를 들어, 많은 대수 교과서는 함수를 규칙과 그래프로 도입한다. 일반적으로 함수를 대응과 순서쌍 정의로 표현하는 교과서들은 학생들이 함수의 그래프 표현에 집중하도록 노력하는 경향이 있다. Usiskin와 그의 동료들은 다음과 같이 설명했다.

> 함수의 순서쌍 특징은 순서쌍을 그래프로 나타낼 수 있기 때문에 특히 실함수에 적절하다. 이러한 이유 때문에 함수를 대응으로 정의하고 함수의 그래프를 대응으로 만들어진 순서쌍들의 집합으로 정의하는 것을 선호하는 저자들이 있다 (Usiskin et al. 2003, p.70).

대부분의 미적분학 개론서는 함수를 미분하고 적분하는 과정에서 배우는 표현으로 함수를 주로 식으로 도입하고 있다. [표 1.1]의 정의 D가 함수를 공식으로 보는 관점의 대표적인 예이다. 함수의 표현을 공식화하는 것과 밀접한 관련이 있는 정의 H는 입력−출력 방식으로 함수를 정의하고 있으며, 이를 이용한 미적분학 교재도 있다. “함수 기계”를 이용하여 설명되기도 하는 입력−출력 방식은 주어진 함수의 영향 아래 입력에 따라 출력이 결정된다. [표 1.1]의 다양한 입력－출력 정의는 입력－출력 해석을 함수기계, 표, 그래프, 규칙으로 연결시키는 고등학교 교과서에서 나타난다. 예를 들어, 상호작용 수학 프로그램 교육과정(Interactive Mathematics Program Curriculum : 정의 C를 설명)에서는 함수를 입력－출력 기계와 입출력 표로 도입하고 강조한다. 그 후 학생들은 이것을 규칙과 그래프로 연결시킨다.

함수를 학습할 때 여러 가지 방법으로 함수를 표현하고 다양한 관점으로 함수를 해석하는 것은 매우 중요하다. NCTM의 규준에서는 고등학생들이 "표, 기호, 그래프, 언어적 표현"(p.296)을 포함해서 "관계와 함수를 이해하고 다양한 표현을 선택, 변환하고 활용할 것"(NCTM 2000, p.294)을 권고하고 있다. 다양한 표현에 대한 이러한 강조는 학생과 교사가 효과적으로 다양한 표현을 구성하고 해석할 수 있도록 하는 그래프 계산기나 탐구형 컴퓨터 소프트웨어와 같은 공학 도구가 최근 출현한 것과 어느 정도 관련이 있다(Heid et al., 1995). 또한 한 가지 표현으로 함수를 이해하는 것이 다른 표현의 함수를 이해한다는 것을 보장할 수 없다는 인식이 커지면서 최근 교육과정에서 함수의 다양한 표현을 강조하게 되었다. 더욱이 여러 가지 문제 상황을 효과적으로 해석하기 위해서는 함수의 다양한 표현 사이의 번역 능력이 필요하다(Kaput, 1989; Thompson, 1994). 함수의 다양한 표현은 맥락에 따라 제한점 또는 강점을 갖기 때문에 학생들은 어떤 표현을 이용해야 하는지, 그리고 그 표현을 선택해야 하는 이유가 무엇인지를 알 필요가 있다.

필수 이해 5b

함수의 표현에 따라 강조하는 특징이 달라지며 한 가지 함수 표현은 함수의 일부만 보여주지만, 함수를 표현하는 방법(식, 그래프, 표, 언어 등)을 바꾼다고 함수 자체가 달라지는 것은 아니다.

필수 이해 5b에 제시되었듯이 함수를 표현하는 방법(예: 대수적, 그래프, 표, 언어)을 바꾼다고 해서 함수 자체가 달라지는 것은 아니다. 그렇지만 앞으로 논의할 내용처럼 함수가 이용되는 맥락에 따라 더 유용한 표현이 존재한다(필수 이해 5c). 그 예로 [생각해보기 1.42]의 내용을 참고하여라.

필수 이해 5c

맥락에 따라 어떤 함수 표현은 다른 표현보다 더 유용하다.

생각해보기 1.42

[생각해보기 1.12]의 (c)에 제시된 영화관 상황을 다시 생각해보자. 판매한 **티켓 수**(T)와 **이익**(P, \$) 사이의 관계를 다음과 같이 4가지의 다른 방법으로 나타낼 수 있다.

(i) 영화관의 일일 운영비용은 \$1025이고 입장권 1장의 가격은 \$7.50이다. 매일 영화관의 이익은 입장권을 몇 장 파느냐에 달려 있다.

(ii) $P = 7.5T - 1025$

(iii)

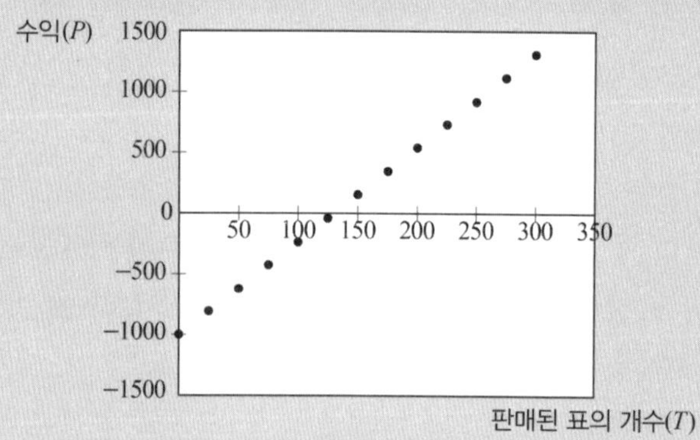

(iv)

T	P
0	−\$1025
50	−\$650
100	−\$275
150	\$100
200	\$475
250	\$850
300	\$1225

다음 정보를 결정할 때 가장 유용한 표현은 어느 것인가?

a. 영화관 일일 운영비용
b. \$500의 이익을 내기 위해 팔아야 하는 입장권의 수
c. 영화관의 일일 "손익분기점"
d. 위 관계에서의 변화율
e. 이 관계가 속하는 함수족(예 : 일차 함수, 이차 함수, 지수 함수)

> 위의 문제 a－e의 정보는 4가지 표현에서 어떻게 나타나는가? 예를 들어, 문제 c의 손익분기점은 그래프에서 어떻게 표현되는가? 또한 공식에서는 어떤가?

영화관의 일일 운영비용 $1025(문제 a)은 이야기, 공식, 표($T=0$일 때의 P의 값)에서 쉽게 확인된다. 수직축의 눈금 때문에 그래프에서 영화관 운영에 소요되는 일일 비용을 정확히 구하는 것은 쉽지 않다. $500의 이익을 얻기 위해 팔아야 하는 입장권의 수(문제 b)를 구하려면 공식을 이용하는 것이 가장 효과적이다. T를 구하려면 식 $500=7.5T-1025$을 풀어야 한다. 표와 그래프를 이용하여 T의 가능한 값의 범위를 구할 수 있지만 문제 b의 정보에 대한 정확한 답을 구하는 데 필요한 부분적인 정보만 얻을 수 있을 뿐이다. 영화관 "손익분기점"에 관한 문제 c에서도 유사하다. 이 함수는 일차 함수족임을 보여주는데 필요한 변화율이 일정하다는 것은 4가지 상황을 통해 쉽게 확인할 수 있다. 일정한 입장권 값, 규칙에서 기울기－교점 형식, 그래프에서 선형 패턴, 표에서의 일정한 증가는 모두 변화율이 일정함을 의미한다. 특히 여기에서는 같은 함수의 다양한 표현을 분석하여 두 변수 사이의 공변의 다양한 의미를 개발하는 것이 중요하다.

학생들은 "함수 분류" 활동을 통하여 다양한 표현에 따른 유사한 변화 패턴을 인식하고 연결시키는 능력을 키울 수 있다. 교사들은 학생들에게 여러 함수족의 원소를 표현하는 표, 공식, 그래프, 언어로 기술한 카드 등을 제공할 수 있다(Cooney et al., 1996; Heid, Zbiek & Blume, 2004; Lloyd & Wilson, 2002). 학생들이 전형적인 함수족에 따라 카드를 분류하려 시도할 때(예를 들어, 일차 함수를 나타내는 카드 목록과 이차 함수를 나타내는 카드 목록을 만드는 것), 학생들은 여러 가지 표현이 변화 패턴을 특징짓는 방법을 이해해야만 한다. 이러한 유형의 활동의 목적은 필수 이해 5b와 밀접하게 연결된다. [생각해보기 1.43]에 제시된 카드 "분류하기"의 내용을 살펴보자.

필수 이해 5b

함수의 표현에 따라 강조하는 특징이 달라지며 한 가지 함수 표현은 함수의 일부만 보여주지만, 함수를 표현하는 방법(식, 그래프, 표, 언어 등)을 바꾼다고 함수 자체가 달라지는 것은 아니다.

생각해보기 1.43

Cooney와 동료들(1996)은 28장의 카드를 이용하여 여러 가지 "함수를 분류하는" 과제를 제안하였다. 그 중 6장의 카드를 아래 문제에 제시한 것이다. 카드를 관찰하여 다음 물음에 답하여라.

a. 카드 6, 8, 21의 공통점은 무엇인가?

b. 카드 4가 카드 3과 관계가 있다면 카드 21은 어떤 카드와 관계가 있는가?

3

데니스는 한 변의 길이가 1인 정육면체의 각 변이 증가할 때, 더 많은 물이 필요하다는 것을 안다. 데니스는 각 변이 x가 되었을 때 정육면체의 부피는 어떻게 될지 궁금하다.

4

x	-1	0	1	3	4
y	-8	-1	0	8	27

6

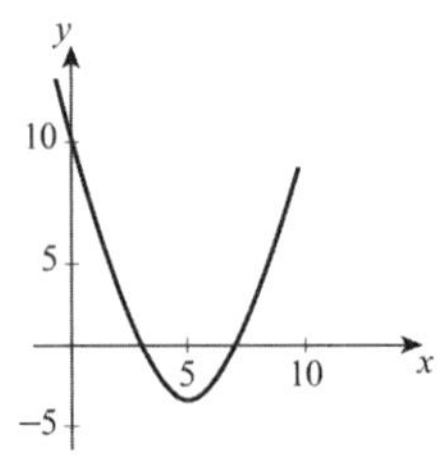

8

프레드는 어떤 크기의 피자를 사는 것이 더 좋을 지 고민하고 있다. 그는 피자의 지름이 두 배가 되었을 때, 원형 피자의 넓이는 어떻게 될지 궁금하다.

11

와싱턴은 지난 4주 동안 1갤런당 3센트씩 휘발유 값이 증가했다는 것을 안다. 그는 만약 지금 가격이 $1.309라면 매주 같은 가격으로 증가할 때 앞으로 가격이 얼마가 될지 궁금하다.

21

x	-2	-1	0	1	2
y	1	0	1	4	9

전형적인 함수족에 대한 표, 그래프, 규칙의 일반적인 특징을 잘 이해하면 학생들은 문제 상황을 다양하게 표현하는 것과 관련된 문제를 해결하는 데 도움이 된다. [생각해보기 1.44]는 이런 문제 상황을 나타낸다.

생각해보기 1.44

정원사가 400야드의 울타리를 가지고 직사각형 모양의 채소밭을 만들려고 한다. 채소밭의 가로의 길이를 l이라 하자.

a. 채소밭의 넓이 A를 l에 관한 식으로 나타내어라.
b. A와 l 사이의 관계를 표로 나타내어라.
c. A와 l 사이의 관계를 그래프로 나타내어라.
d. 점 (80, 9600)은 $y = A(l)$의 그래프 위에 있음을 보여라. 이 좌표는 문제에서 어떤 의미가 있는가?
e. 넓이가 가장 클 때 채소밭의 가로와 세로의 길이는 무엇인가? 그래프 위의 어떤 점이 넓이가 최대인 점을 나타내는가?

[생각해보기 1.44]에서 표현된 관계는 공식 $A(l) = l(200 - l)$로 나타낼 수 있다. 직사각형의 넓이는 가로와 세로의 함수이기 때문에 이 공식은 의미가 있다. 채소밭의 가로와 세로의 길이의 합이 200야드(둘레의 반)이기 때문에 세로의 길이는 $200 - l$이다. [그림 1.40]은 이 식을 이용하여 상황을 표와 그래프로 나타낸다. 필수 이해 5d에서는 함수의 대수적 표현과 기하적 표현 사이의 연결이 중요함을 강조하고 있다.

필수 이해 5d

함수의 대수적 표현과 기하적 표현 사이의 관계는 함수 사이의 관계와 변화를 다룰 때 특히 중요하다.

l	A
0	0
10	1,900
20	3,600
30	5,100
40	6,400
50	7,500
60	8,400
70	9,100
80	9,600
90	9,900
100	10,000
110	9,900
120	9,600
130	9,100
140	8,400
150	7,500
160	6,400
170	5,100
180	3,600
190	1,900
200	0

(a)

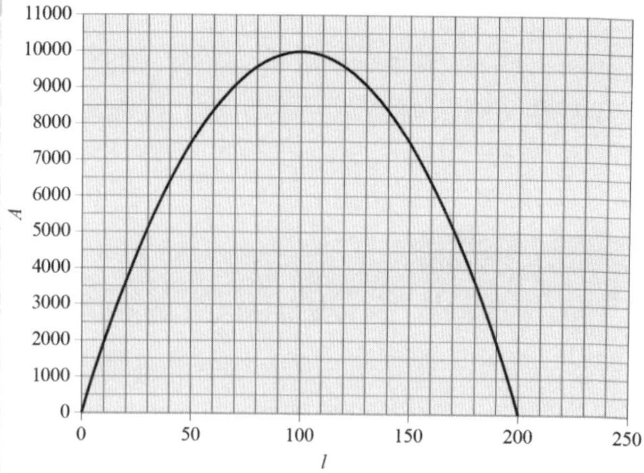

(b)

[그림 1.40] 채소밭의 넓이와 가로 길이의 관계를 (a) 표 (b) 그래프로 표현

위의 표는 l의 값에 따라 만들어졌고 순서쌍 (80, 9600)을 표에서 찾을 수 있다(표에서처럼). 이 점은 채소밭의 가로의 길이가 80야드일 때 넓이가 9600 제곱 야드임을 나타낸다. 그래프의 가장 높은 점은 (100, 10000)이다. 이것은 채소밭의 가로의 길이가 100일 때 넓이가 최대라는 것을 나타낸다. 이 때, 가로는 100, 세로는 100이다. 따라서 채소밭이 최대일 때는 정사각형 모양이라는 것을 알 수 있다. 이러한 결과는 기하에서의 "정사각형"과 대수에서 이차식의 "제곱" 사이의 관계(가로와 세로의 길이가 각각 x인 정사각형의 넓이는 x^2이기 때문에 이 연결은 자연스럽다)를 관찰하고 논의할 수 있는 재미있는 기회를 제공한다.

제2장

선수 학습과 후속 학습의 연계성

지금까지 대부분의 논의는 고등학교 수준에서 함수를 다루는 것과 관련되었다. 하지만 함수는 중학교나 대학 수준에 상관없이 기초가 된다. 이번 장에서는 이러한 연계성을 논의한다.

01 중학교 수학에서의 함수

중학교에서 고등학교 수준까지 학생들은 자신의 함수 학습을 이해하고 경험한다. 중학교 학생은 변수의 개념을 발전시키고 변수 사이에서 변화의 다양한 패턴을 분석하며 다양한 표현을 사용하여 관계를 탐구하고 표현한다.

1) 변수 사이에서 공변(covariation) 분석하기

중학교에서 학생은 자신의 초등학교 경험을 확장시켜 패턴을 탐구하는 것뿐만 아니라 패턴을 일반화시키기도 한다. 그리고 변화하는 양으로 **변수**의 비형식적인 개념을 발달시킨다. 이런 변화가 일어남과 동시에, 중학교 수준의 활동은 변수 사이의 특별한 관계로서 산술과 기하 패턴 탐구에서부터 비형식적인 함수 학습에 이르기까지 학생들이 도전하도록 해야 한다. 이런 활동들은 중학교 학생들이 핵심 아이디어 1－5와 관련된 몇 가지 이해를 소개하는 것에 목적을 두어야 한다.

중학교에서 대부분의 학생들이 하는 함수와 관련된 공부는 1장에서 논의했던 것처럼 공변의 관점에서 두 변수 사이의 관계를 표현하고 분석하는 것과 연관된다. 예를 들어, [생각해보기 2.1]에 있는 그래프에 제시된 관계는 학생들에게 하나의 변수에서의 변화가 다른 변수에서 일어나는 변화와 어떻게 관련되는

필수 이해 2b

변화율은 한 변량이 변함에 따라 다른 변량이 어떻게 변하는지 설명한다. 즉, 변화율은 두 변수 사이의 공변을 설명한다.

지를 설명하는 기회를 제공할 수 있다(필수 이해 2b).

생각해보기 2.1

수영장의 물의 양(V, 부피)이 시간(t)에 따라 어떻게 변하는지 각각의 경우를 설명하여라.

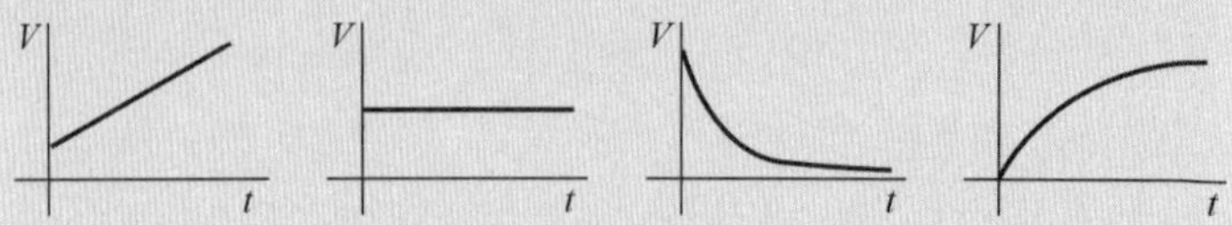

[생각해보기 2.1]은 수영장에 있는 물의 시간에 따른 (수영장의 물의 높이가 아니라) 부피에 대한 변화를 설명하도록 요구한다. 학생들은 첫 번째 그래프에서 나타나 있듯이 수영장은 시간이 지남에 따라 각 단위가 일정한 비율로 즉, 동일한 물의 양이 추가되어 물이 차고 있는 상황을 표현하는 것으로 설명할 수 있다. 네 번째 그래프도 수영장에 물이 차고 있는 것으로 보인다. 하지만 이 경우는 처음에는 급하게 물이 차고 있고 나중에는 좀 더 천천히 차고 있다. 이런 두 가지 증가하는 그래프 사이의 차이점은 학생들이 **선형적**이고 **비선형적**인 관계를 동시에 인지하고 설명하도록 만든다는 것이다. 따라서 이것은 필수 이해 3a에 대한 학생들의 형식적인 개념 발달을 가능하게 만든다.

필수 이해 3a

함수족의 원소는 동일한 변화율의 유형을 공유한다. 이런 변화율의 특징은 그 함수가 모델링하는 실세계 현상의 종류를 결정한다.

[생각해보기 2.1]에서 두 번째 그래프는 시간에 따라 부피가 변하지 않는 **상수** 함수를 묘사한다. 여기서 수영장의 물의 높이는 일정 정도를 유지한다. 세 번째 그래프는 물이 수영장에서 처음에는 급격히 빠져나가다가 시간이 지나면서 점차 천천히 빠져나가고 있는 V와 t 사이의 감소하는 관계를 보여준다. 이런 문제에서 그래프를 묘사하고 조사하는 것을 통해서 중학교 학생들은 어떻게 특정한 상황에서 변화가 일어나고 왜 일어나는지를 기호를 광범위하게 사용하지 않고 비형식적으로 탐구할 수 있다.

2) 함수족

중학교 수학에서 많은 함수족을 탐구하고 있지만 일차 함수가 특별히 주목을 받는다. 필수 이해 3b에서 설명한 대로 일차 함수가 상수 변화율로 특징지어진다는 개념을 이해하는 것은 중학교 활동의 주요한 목표이다. 일차 함수에 대한 공부는 비례에 대한 학생들의 이전 학습으로부터 계속된다. 중학교 학생은 다음과 같은 예를 포함해서 두 개의 양이 정비례인 실생활 상황에 매우 익숙하다.

필수 이해 3b
일차 함수는 일정한 변화율로 특징지어진다. "기울기 삼각형"의 닮음에 대한 추론은 일차 함수가 일정한 변화율을 가지고, 함수식이 $f(x)=mx+b$(m, b는 상수)라는 것을 추정하게 한다.

> 차 한 대가 일정한 속도로 여행하고 있다. 이 차는 5분마다 3 마일을 간다.

이 상황은 입력되는 것이 시간 t(분), 출력되는 것은 거리 d(마일)인 일차 함수로 설명될 수 있다. [그림 2.1]에 있는 비율표는 어떻게 t가 5분마다 증가할 때 d가 3마일씩 증가하는지를 보여준다. 이 함수의 그래프는 점 (t, d)가 $\frac{d}{t}=\frac{3}{5}$ $\left(\text{또는 } d=\frac{3}{5}t\right)$를 만족하는 원점을 통과하는 직선이다. 이 그래프의 기울기는 일정한 비율인 $\frac{3}{5}$이다.

t	d
5	3
10	6
15	9
20	12
25	15
1	$\frac{3}{5}$
t	$\frac{3}{5}t$

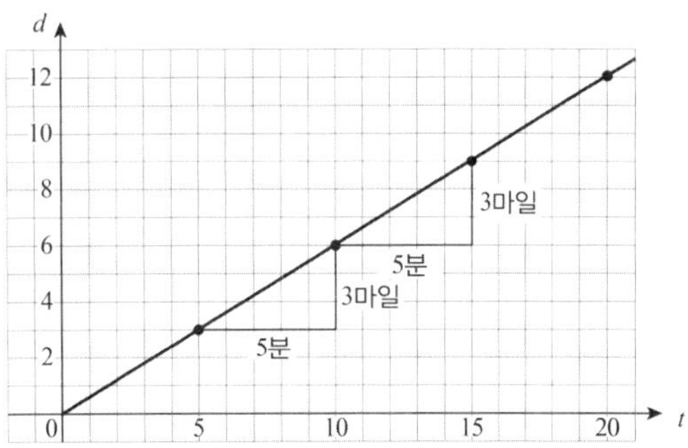

[그림 2.1] t가 5분씩 증가함에 따라 d가 3마일씩 증가하는 것을 보여주는 비율표

중학교 학생들은 y절편이 0이 아닌 일차 함수도 탐구한다. 예

를 들어, 12인치의 피자가 $6.99이고 토핑은 각각 추가 비용으로 $0.80를 내야 하는 상황을 생각해보자. 이런 경우 피자의 가격은 $6.99로 "시작하고" 토핑 하나가 추가될 때마다 $0.80가 증가한다. [그림 2.2]에 있는 것처럼 세 가지 방법으로 표현된 일차 함수는(필수 이해 5a) 학생들이 변수 사이의 변화와 관련한 이런 종류의 익숙한 관계를 설명하고 이해하는 것을 돕는다.

필수 이해 5a
함수는 대수식, 그래프, 언어, 표 등의 다양한 방법으로 표현할 수 있다.

$y = \$6.99 + \$0.80x$

토핑의 개수	피자 가격
0	$ 6.99
1	$ 7.79
2	$ 8.59
3	$ 9.39
4	$ 10.19
5	$ 10.99
6	$ 11.79
7	$ 12.59

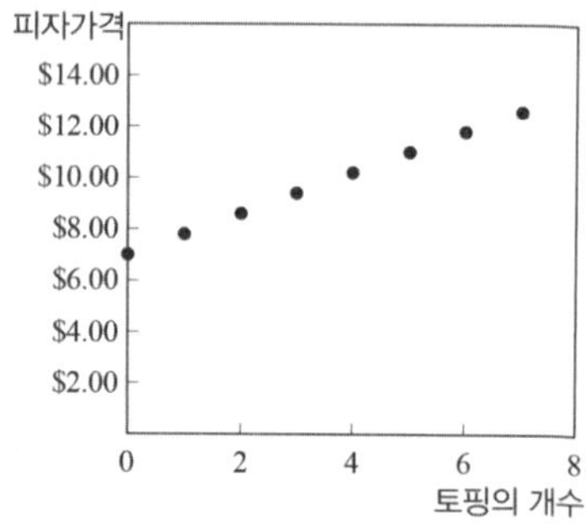

[그림 2.2] 피자 가격의 세 가지 표현

3) 그래프, 표, 규칙 사이의 관계 표현하기

필수 이해 5c
맥락에 따라 어떤 함수 표현은 다른 표현보다 더 유용하다.

중학교에서 학생들은 여러 가지 다른 표현, 특히 그래프, 표, 대수적 규칙 같은 것들의 유용성을 인식하기 시작한다(필수 이해 5c). 예를 들어, 앞에서 피자 가격의 경우, 표는 다음과 같은 질문에 재빨리 답할 수 있게 한다. "피자 가격이 $9.39라면 얼마나 많은 토핑이 추가되었을까?" 하지만 입출력값의 쌍으로 만들 때에는 특히 대수 규칙이 가장 효율적인 도구가 된다(예, 토핑이 4개인 피자 가격). 그래프는 토핑의 개수와 가격 사이의 관계인 일차의 본질을 명확히 그림으로 보여준다. [그림 2.2]에 있는 그래프에서 점들은 연결되어 있지 않지만, 그 점들은 한 직선 위에 있다. 중학교 학생들은 왜 이런 그래프 위의 점들이 연결되지 않았는지를 토론해야 한다. 이 토론은 피자 토핑의 전체 개수에 대해서 얘기할 때만 의미가 있다. 학생들은 토핑이 더 많아지는 경우를 관련지어 질문할 수도 있고 절반의 토핑(즉, 토핑이 피자를 절반만 덮는 것)이 가능한

지 질문을 제기할 수도 있다. 학생들은 이런 함수의 정의역을 제한하거나 확장하는 등의 노력을 당연히 해보게 된다.

중학교의 활동들은 학생들이 어떻게 서로 다른 표현들을 분석을 통해서 특정 함수의 동일한 특성이 결정될 수 있는지 관찰하도록 돕는다(필수 이해 5b). 앞의 피자 문제에서도 그래프의 y절편은 피자에 토핑이 하나도 추가되지 않는 경우인데 표에서 보면 첫 번째 줄과 관련된다. 또 중학교 학생들은 변화율이 표, 그래프, 대수식에서 어떻게 나타나는지도 생각하게 될 것이다. 때로는 의미가 결여될 수도 있는 직선의 기울기－절편 형식을 이런 경험들을 통해서 학생들이 이해하도록 도울 수 있다.

필수 이해 5b

함수의 표현에 따라 강조하는 특징이 달라지며 한 가지 함수 표현은 함수의 일부만 보여주지만, 함수를 표현하는 방법(식, 그래프, 표, 언어 등)을 바꾼다고 함수 자체가 달라지는 것은 아니다.

정사각형이 점점 많아지는 패턴을 보여주는 [생각해보기 2.2]를 보자. 중학교에서 중요한 목표는 초등학교에서 탐구한 기하 패턴 같은 패턴을 다시 생각해보고 일반화하는 것이다.

생각해보기 2.2

아래에 있는 기하 패턴은 여러 가지 수열을 포함한다. 각각의 큰 정사각형은 단위 정사각형으로 구성된다.

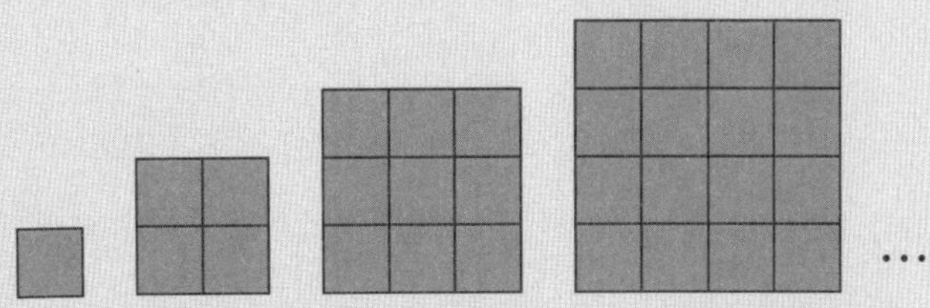

수열에서 큰 정사각형의 둘레 길이의 패턴을 생각해보자. 그러기 위해서 수열에서 위치와 둘레 길이 사이의 관계를 표현하기 위해 표, 그래프, 식을 만든다(수열은 정사각형의 변의 길이와 동일하다). 정사각형의 둘레와 변의 길이와 관련된 변화를 설명하기 위해 이런 표현들을 사용해보자.
수열에서 넓이 관계를 표현해 보자. 정사각형의 넓이와 변의 길이는 어떻게 관련될까? 이런 질문을 탐구하기 위해 여러 가지 표현을 사용하자.

초등학교에서 학생들은 전통적으로 이 패턴을 글이나 수로 설명하고 색타일로 만들거나 그림을 그려서 패턴을 계속 만든다. 중학교에서 학생들은 위의 패턴에서 변화를 설명하는 데 정사각형의 둘레와 넓이를 이용한다. 대부분 이런 관계의 표현은 [그림 2.3]에서 보여주는 표, 그래프, 공식을 포함한다.

정사각형의 둘레 길이(L)	1	2	3	4	5	6	…
넓이(A)	1	4	9	16	25	36	…
둘레(P)	4	8	12	16	20	24	…

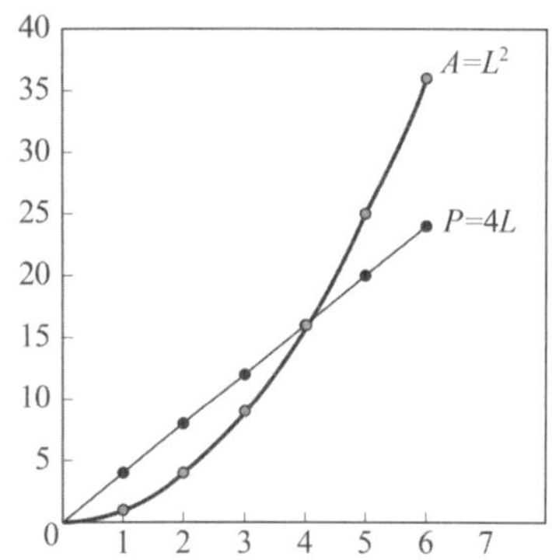

[그림 2.3] 정사각형의 변의 길이, 둘레, 넓이 사이의 관계를 보여주는 표, 그래프, 규칙

학생들이 이런 표현을 만들게 되면 중요한 질문이 발생한다. 그래프 위의 점을 연결하는 것이 의미가 있는지 (넓이와 둘레가 다른 단위로 측정되기 때문에) 넓이와 둘레가 그래프에 함께 그려질 때, y축 위의 수는 무엇을 의미하는지 등 이러한 여러 가지 표현들은 학생들이 두 관계에 대한 특별한 정보를 밝히는 데 도움이 된다. 두 관계란 주어진 변의 길이에 대한 정사각형의 둘레와 넓이를 말한다. 학생들은 두 관계에서 서로 다른 변화율의 의미에서 변의 길이와 둘레 사이의 공변, 변의 길이와 넓이 사이의 공변 등을 설명하는 것을 배울 수도 있다. 둘레 함수는 일정한 변화율을 나타내는 반면, 넓이 함수의 변화율은 수열이 증가함에 따라 **변화한다**. 또한 둘레와 넓이가 같은 값을 가지는 점을 확인하기 위해서 학생들이 그래프와

표를 사용하는 능력은 대수방정식을 계산하기 위한 개념적인 기본과정이다.

9－12학년에서 학생들이 배우는 함수의 대부분은 이 절에서 논의했던 문제들을 통해 나온 개념과 이해에서 나온다. 예를 들어, 중학교에서 여러 가지 표현으로 선형과 비선형 함수를 다룬 경험이 고등학교에서 많은 함수의 분류와 분석을 가능하게 한다. 결국에는 중학교 때의 경험을 통해 다양한 실생활과 수학적 상황에서 변화를 이해하고 설명하는 도구로서 함수를 사용하도록 학생들을 준비시켜야 한다.

02 대학 공부와의 연결

지금까지 살펴본 한 가지 주제는 함수족의 원소들은 동일한 형식의 공식뿐만 아니라 변화 패턴의 특징도 공유한다는 것이다. "함수가 변화하는 방식"을 공부하는 것은 대학 수준으로 가면 미분, 적분, 미분 방정식으로 바뀌게 된다.

1) 미분 방정식

미분 방정식은 함수의 도함수(일차 또는 이계도함수 같은)와 관련된 방정식이다. 예를 들어, 뉴턴의 냉각법칙은, $T(t)$가 뜨거운 액체의 온도이고 t초는 컨테이너에 액체를 부은 후의 시간일 때, 온도가 내려가는 비율이 액체의 온도와 주변 방의 온도 사이의 차이에 비례한다는 것이다. [생각해보기 2.3]은 이런 비례관계를 생각할 수 있도록 해준다.

생각해보기 2.3

$T(t)$, 도함수 $T'(t)$, 주변 방의 온도 A, 비례상수 k와 관련된 뉴턴의 냉각법칙을 만들어 보시오.

액체의 온도와 주변 방의 온도 k 사이의 차는 $T(t)-A$이다. 이 차이값에 비례하는 양은 어떤 상수 k(이것은 컨테이너가 얼마나 그 액체를 잘 보온하는지 또는 잘못하는지에 달려 있다)에 대해 $k\cdot(T(t)-A)$라는 식이다. 온도가 변하는 비율은 온도 함수의 도함수이기 때문에 온도 함수는 미분 방정식 $T'(t)=-k\cdot(T(t)-A)$을 만족해야만 한다. 그런데 왜 음수 부호가 있는 걸까?(k를 양수라고 가정하는데) 온도가 낮아지면 온도 함수의 변화율은 음수가 된다. 이 미분 방정식을 풀이하는 온도 함수는 공식 $T(t)=A+Be^{-kt}$(B는 임의의 양수)과 같다.

2) 복소수로 함수의 정의역 넓히기

고등학교에서 학생들은 복소수가 $a+ib$(a와 b는 실수이고 i는 -1의 제곱근임)의 형태로 쓸 수 있는 수라고 배운다. 또한 학생들은 복소수를 "극형식"으로 쓰면 r이 음수가 아닌 실수이고 θ는 실수인 $r(\cos(\theta)+i\sin(\theta))$로 쓴다고 배운다. 다항 함수, 유리 함수, 지수 함수, 로그 함수, 삼각 함수 같은 전통적인 함수는 모두 정의역을 실수로만 생각하는 대신에 복소수(또는 복소수 안에 있는 수)로 확장할 수 있다. 가장 흥미로운 경우는 아마도 지수 함수 e^x를 확장시키는 방식일 것이다. 우리는 여전히 일상적인 지수 법칙을 사용하기를 원하기 때문에 $e^{x+iy}=e^x\cdot e^{iy}$라는 경우가 되기를 원한다. 따라서 지수 함수를 복소수로 확장하기 위해서는 $e^{i\theta}$(θ는 실수)를 어떻게 정의 내리는지를 알아야만 한다. 오일러의 공식이라고 불리는 $e^{i\theta}=\cos(\theta)+i\sin(\theta)$라는 공식에 따를 경우, 예를 들면, $\cos(\pi)=-1$이고 $\sin(\pi)=0$이기 때문에 $e^{i\pi}=-1$이다. $e=2.718\cdots$, $\pi=3.141\cdots$, i는 -1의 제곱근이라는 사실에 따르면 이런 수들이 이렇게 연결된다는 것은 무척 놀랍다.

지수 법칙을 쓰기 위해서는 $e^{i(A+B)}=e^{iA}\cdot e^{iB}$가 성립해야만 한다. [생각해보기 2.4]는 이런 상황을 관찰하기 위한 방법을 제안한다.

생각해보기 2.4

코사인과 사인의 측면에서 식 $e^{i(A+B)}=e^{iA}\cdot e^{iB}$를 다시 만들어 보아라. 그리고 왜 이 방정식이 사실이어야만 하는지 설명하라.

우리는 위의 식을 다음과 같이 다시 쓸 수 있다.

$$\cos(A+B)+i\sin(A+B)$$
$$=(\cos(A)+i\sin(A))\cdot(\cos(B)+i\sin(B))$$

만약 $i^2=-1$이라는 것을 염두에 두고서 우변의 곱셈을 한 뒤 실수 부분과 허수 부분을 모으면 사인과 코사인의 합 공식과 같은 것으로 이 식이 사실이 되어야만 한다는 것을 알게 된다. 사실 식 $e^{i(A+B)}=e^{iA}\cdot e^{iB}$은 코사인과 사인의 합 공식을 잊어버리는 사람들을 위해 찾기 편한 방편으로 제공된다.

그런데 왜 사람들은 $e^{i\theta}$를 코사인과 사인과 연결 지어 생각하는 걸까? 이런 함수들 사이의 관계는 e^x, $\cos(x)$, $\sin(x)$ 등의 테일러 전개식을 고려해보면 알 수 있다. 전개식은 다음과 같다.

$$e^x=1+\frac{x}{1!}+\frac{x^2}{2!}+\frac{x^3}{3!}+\frac{x^4}{4!}+\frac{x^5}{5!}\cdots$$
$$\cos(x)=1-\frac{x^2}{2!}+\frac{x^4}{4!}-\frac{x^6}{6!}+\cdots$$
$$\sin(x)=\frac{x}{1!}-\frac{x^3}{3!}+\frac{x^5}{5!}-\frac{x^7}{7!}+\cdots$$

만약 e^x에 대한 테일러급수에서 x 대신에 ix를 넣고 실수 부분과 허수 부분을 각각 묶으면 왜 e^{ix}가 사인과 코사인에 관해 나오는지를 알 수 있다.

여기서 제시한 예제들은 대학 수학 과정이나 그 이상의 과정에서 계속될 함수 공부의 아주 약간의 맛보기 정도만 제시한 것이다. 사실 함수 공부는 현대 수학의 모든 곳에 스며들어 있다.

제3장

도전 : 학습, 수업 그리고 평가

함수를 학습할 때 학생들이 겪는 어려움에 관하여 무엇을 배웠는가? 이러한 어려움은 함수를 가르칠 때 어떤 영향을 주는가? 본 장에서는 함수 개념, 실세계 현상을 이해할 때 함수의 역할, 함수와 그래프 표현 사이의 상호작용을 학습할 때 학생들이 겪는 몇 가지 어려움을 고찰한다.

01 함수 개념

Big idea

핵심 아이디어 1 : 함수 개념
함수의 개념은 매우 넓고 유동적이어서 다양한 상황에 적용할 수 있다. 함수는 계속적으로 변하는 수의 실체를 설명하는 "고전적" 함수 외에도 다양한 수학 개념과 연결되어 있다. 예를 들어, 행렬이나 등차수열, 등비수열도 일종의 함수이다.

핵심 아이디어 1(함수 개념)에서 학생들이 함수에 관한 다양한 상황을 이해하고 함수가 아닌 것과 함수인 것을 구분할 수 있어야 함을 강조한 바 있다. Leinhardt, Zaslavsky, Stein(1990)은 함수에 관한 학생들의 이해를 검토한 후, 함수에 관한 학생들의 초기 경험이 선형 또는 대칭을 포함해 쉽게 인지할 수 있는 경험과 일대일 대응을 기준으로 하는 함수 활동으로 제한되어 있음을 지적하였다. 학생들은 순서쌍으로 제시된 상황에서 함수를 분류하는 활동은 거의 경험하지 못하고 있다. 일반적으로 중학교 학생들은 다음과 같은 문제를 성공적으로 해결할 수 있다.

> 다음 관계가 함수가 **아니기** 위한 a의 값을 구하고, 함수가 아닌 이유를 설명하여라.
>
> $$\{(1, 2), (2, 4), (3, 6), (a, 8)\}$$

Leinhardt, Zaslavsky, Stein가 지적하였듯이 상수 함수를 포함하여 다대일 대응이 함수라는 것을 인식하는 데 어려움을 겪는 학생들이 많다. 함수에 대한 일대일 대응 기준은 잘 인식하지만 학생들은 이것을 일대일 함수와 동일시하는 경향이 있다. 또한 "명백한" 규칙을 따르지 않거나 비수치적인 관계를 포함하는 관계를 함수로 인식하지 못하는 학생들도 많다(Even, 1990).

Thompson(1994)에 따르면 학생들은 함수에 대해 "등호로 연결된 두 식(p.24)"이라는 강력한 이미지를 가지고 있다. Breidenbach와 그의 동료들(1992)은 학생들에게 함수의 예를 제시해보라는 질문에 약 2/3의 학생이 "$f(x)$" 또는 "y"와 연결된 대수식 또는 삼각 함수 식을 제시하였으며, 이러한 결과는 함수를 식으로 보는 경향이 있다고 주장하였다. 더욱이 대부분의 학생들은 함수를 변수에 수를 대입하여 그 값을 구할 것을 요구하는 수학적 실체로 생각한다. 제한적인 상황에서 함수를 경험한 결과, 학생들은 다른 대수적 표현(예를 들어, 자신들에게 익숙한 $f(x)=x^2$과는 아주 다른 $\sum_{n=1}^{N}(2n-1)$ 등)을 이해하는 것을 어려워한다. 학생들은 또한 표, 그래프, 언어적 표현과 같은 함수의 다양한 표현을 무시한다. Breidenbach와 그의 동료들은 함수를 식으로 보는 것은 함수 개념의 계산 측면만을 강조하는 것이라고 지적한다. 함수를 식으로 보는 관점은 다양성과 유연성이 부족하기 때문에 함수를 실세계 현상을 표현하거나 함수의 변환을 이해하는 도구로 생각하기 어렵게 만든다는 것이다.

상황이 선형 관계든 아니든 간에 관계를 선형의 관점에서 "보려는" 학생들의 경향은 함수 개념의 이해와 관련이 있다. Heid, Zbiek, Blume(2004)은 학생들에게 1주차와 3주차 말의 개체 수를 제시하고 2주차 말의 개체 수를 추정하라는 지수성장(개체수 성장)에 관한 상황을 논의한 수업을 설명하였다. 교사는 2주차의 개체 수를 1주와 3주 개체 수 사이의 반이라고 추정한 학생을 발견하였는데 이러한 방법은 선형 상황에 적용될 수 있는 방법이다. Leinhardt와 그의 동료들의 연구(1990)에서도 유사한 예가 나타났다. 그들의 연구에 따르면, 주어진 그래프 위에 두 점을 주고 그 두 점을 지나는 함수의 그래프를 그리라는 요구를 했을 경우에 학생들은 두 점을 지나는 직선을 그렸지만, 주어진 두 점을 지나는 다른 함수의 그래프가 존재할 가능성은 고려하지 못하였다. 학생들은 비선형 함수의 움직임에 대한 인식이 부족하기 때문에 특히 주어진 자료를 근거로 추정할 때 오개념이 발생할 수 있다. [생각해보기 3.1]은 그러한 오개념을 보여준다.

생각해보기 3.1

지방의 한 회사에서 재키에게 일자리를 제안하였다. 초봉은 연봉 $50,000이고 매년 4%씩 인상되며 10년 후의 연봉은 $74,012이다. 재키가 일을 하게 된다면 5년 후의 연봉은 $62,006이 될 것이라고 예측하였다.
재키는 어떻게 $62,006이라고 예측했는가?
재키에게 주어진 정보를 근거로 할 때, 5년 후의 연봉에 대한 재키의 예측은 타당한가?

02 실세계 현상 모델로서의 함수

Big idea

핵심 아이디어 3 : 함수족
함수는 각기 독특한 특징을 가진 여러 함수족으로 분류할 수 있다. 여러 종류의 함수를 이용하여 실세계의 다양한 현상을 모델링할 수 있다.

핵심 아이디어 3(함수족)에서 다양한 함수족의 고유한 성질과 실세계 현상을 모델링할 때 그러한 성질의 역할을 강조하였다. 그렇지만 학생들이 핵심 아이디어와 관련된 필수 이해를 성취하기는 쉽지 않다. 일반적으로 학생들은 수학 경험과 실세계 경험 사이의 연결이 부족하다. 학생들은 두 영역 사이의 경험을 서로 다른 것으로 보기 때문에 실세계 현상을 모델링할 때 함수가 할 수 있는 역할을 인식하는 데 어려움이 있다.

Janvier(1978)은 학생들이 가지고 있는 어려움을 몇 가지로 분류하였다. Janvier는 학생들이 실세계 현상을 나타내는 그래프에서 기울기와 높이 사이에 혼란을 겪고 있음에 주목하였다. 예를 들어, [그림 3.1]의 그래프 A는 물이 채워지고 있는 넓은 병을 나타내고 있음을 설명한 후, 더 좁은 병에 같은 속도로 물을 채울 때 그래프는 어떤 모양인지를 질문하였다. 대부분의 학생들은 옳은 그래프인 C와 같은 그래프를 그리는 대신 B와 같은 그래프를 그렸다. 학생들은 높이가 더 높아야 한다는 것은 생각할 수 있었지만, 그래프의 기울기가 더 커야 한다는 것은 생각하지 못했다.

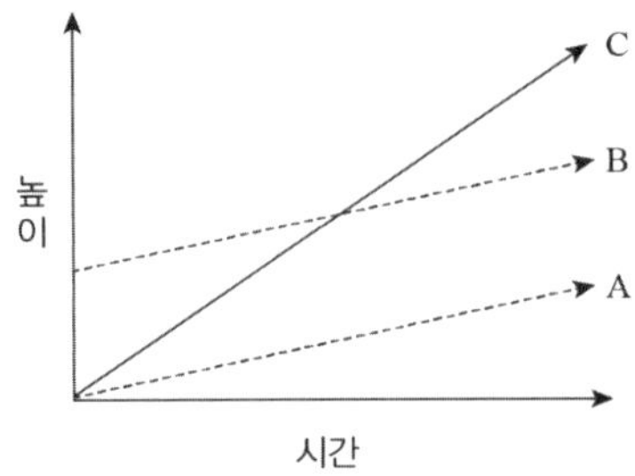

[그림 3.1] 그래프 A는 넓은 병에 채워지는 물의 높이이다. 학생들은 일반적으로 같은 속도로 물을 채울 때 더 좁은 병의 물의 높이를 그래프 C 대신 B와 같이 그린다.

학생들은 한 가지 조건에서의 변화가 다양한 방법으로 그래프에 영향을 줄 수 있다는 개념을 어려워한다. 위의 예에서는 높이와 그래프의 기울기가 영향을 끼친다. [생각해보기 3.2]에서 학생들의 생각을 명료화할 수 있는 방법을 고려해보아라.

생각해보기 3.2

학생들이 그래프 C가 옳은 그래프라는 것을 이해하도록 돕는 데 적절한 질문은 무엇인가?

Boaler(1999)는 수학과 실세계 현상을 연결할 때 학생들이 이런 것들을 연결하는 경험 부족 때문에 어려워하고 있음에 주목하였다. 이러한 문제는 학생들이 수학을 자신들의 삶과는 무관한 추상적인 교과라고 생각하는 것과 관련이 있다. 이유가 무엇이든 풀어야 할 문제를 통해서나 함수가 양적 사고를 어떻게 촉진할 수 있는지에 관한 학습과제를 이용해서나 수업 활동과 논의에서 함수를 실세계 현상과 연결시키려는 노력이 필요하다는 것은 분명하다.

03 함수의 기하적 표현과 대수적 표현

Big idea

핵심 아이디어 5 : 함수의 다양한 표현
함수를 식, 그래프, 언어, 표 등 다양한 방법으로 표현할 수 있다. 이러한 다양한 표현 사이의 연결은 관계와 변화를 탐구할 때 매우 중요하다.

핵심 아이디어 5(함수의 다양한 표현)에서 함수를 표현할 수 있는 다양한 방법을 강조하였다. 학생들은 대수적 표현을 유연하게 다른 표현으로 바꿀 수 있어야 한다. 일반적으로 학생들은 특히 공학 도구를 이용할 때는 그래프를 잘 그리지만, 기하적 표현이 주어졌을 때 적당한 대수적 표현을 찾는 것은 어려워한다. [생각해보기 3.3]의 문제(Cooney et al. 2002)를 생각해보자.

생각해보기 3.3

학생들에게 다음 문제를 제시했다고 생각해보자.
그래프를 확대하면 x절편이 정확히 2개가 존재한다. 이때 조건에 맞는 함수의 식을 구하라. 그리고 구한 식이 조건에 맞는지 그 이유를 설명하라.

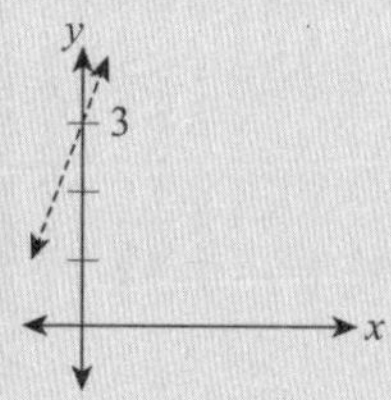

학생들로부터 어떤 다양한 반응을 기대할 수 있는가?

[그림 3.2]에 세 학생의 예상 답안이 있다. 이를 통해 학생들은 문제에 제시된 조건을 제한적으로 고려하고 조건 전체를 고려하지 못하고 있음을 알 수 있다. 예를 들어, 첫 번째 학생은 그래프가 예상되는 포물선일 것이라는 점은 이해했지만 y절편 조건을 고려하지 못했다. 반면 두 번째 학생은 x절편에 대한 조건은 무시하고 y절편만을 고려하였다. 세 번째 학생은 y절편과 그래프가 포물선이어야만 하는 점은 고려했지만 $f(x)=x^2+3$의 그래프가 x축과 두 번 만날 것이라고 가정하고 있다.

학생 1 : y=(x+4)(x+9)

그래프는 x절편이 x=-4, x=-9인 포물선이다.

학생 2 : y=3

직선은 y축 위의 점 3을 지난다.

학생 3 : x^2+3

3은 y절편이고 x^2은 x축과 두 번 만나는 것을 의미한다.

[그림 3.2] [생각해보기 3.3] 문제에 대한 세 명의 학생의 답안

학생들에게 $y=x^2+4x+3$의 그래프(문제의 조건을 만족한다)를 그리라고 하면 별 어려움 없이 잘 그릴 것이다. 그러나 조건을 갖는 그래프의 일부만 보여주는 것처럼 문제가 복잡해지면 학생들은 어려움을 겪는다. 일반적으로 학생들은 앞에 제시된 문제처럼 다른 방법을 고려하는 대신, 기호적 표현인 식이 주어졌을 때 그래프를 그리는 활동을 한다.

Even(1990)은 예비 중등 수학교사들이 함수에 대해 겪는 여러 가지 어려움을 조사하였다. 예를 들어, 예비교사들은 $f(x)=ax^2+bx+c$로 표현되는 포물선이 아래로 오목이면 a는 음수여야 한다고 이해하였다. 그러나 그들은 왜 그런지에 대해서는 의미 있는 설명을 하지 못했다. 비형식적으로 볼 때, x^2항이 x항 또는 상수항보다 더 빨리 증가하면 x^2이 "더 커지고" 결과적으로 그래프는 a의 값에 따라 "더 음수"이거나 "더 양수"가 된다. 학생들이 이러한 비형식적 논증을 하면 여러분은 충분한 설명이라고 판단할 것인가? [생각해보기 3.4]로 여러분의 생각을 확인해보자.

생각해보기 3.4

포물선이 x^2의 계수에 따라 아래로 또는 위로 오목인 이유를 설명하라고 요구했을 때 여러분은 학생들이 얼마나 형식적인 설명으로 응답하기를 원하는가?

그래프 표현에서 예비교사들이 겪는 또 다른 어려움은 함수의 정의역과 치역에 주목하지 못한다는 점이다. 예를 들어, 학생들은 함수 $f(x)=ax+b$의 그래프 표현에서 정의역과 치역이 실수인 경우와 정수 또는 자연수인 경우를 거의 구분하지 못한다. 가격이 $\$6.99$이고 토핑이 추가될 때마다 $\$0.80$이 늘어나는 2장의 피자 문제(그림 2.2 참조)를 상기해보자. 학생들은 그래프를 어떻게 그리고 정의역을 무엇이라고 생각하는가? 앞에서 정의역을 실수가 아니라 자연수(1에서 10까지의 수) 또는 절반의 토핑을 고려하여 1/2를 포함하여 생각할 것이라고 지적한 바 있다. 소스의 개수와 피자 가격 사이의 관계를 직선으로 나타내는 것은 심각한 문제가 아니지만, 그럼에도 불구하고 학생들이 그래프를 해석할 때 정의역의 관점에서 특정한 수만이 의미가 있다는 것을 알아야만 한다.

04 핵심 아이디어와 필수 이해의 평가

지난 수십 년 동안 학생들의 수학에 대한 이해를 평가하는 연구가 활발하게 이루어졌다. 그러한 논의를 검토하지 않은 상태로 학생들의 함수 이해에 대한 평가에 관하여 몇 가지만 살펴보려고 한다. 첫째, 평가를 통해 학생들의 사고에 관한 정보를 얻을 수 있고 함수를 어느 정도 이해하고 있는지를 구분할 수 있다는 것은 매우 중요하다. 둘째, 학생들의 이해를 평가하려는 시도는 필연적으로 표본을 이용한다는 점을 이해할 필요가 있다. 내과의사는 의학적 실험을 할 때 환자의 혈액 전부가 아니라 혈액 샘플을 추출한다. 마찬가지로 우리도 학생들이 무엇을 알고 이해하고 있는지에 대한 샘플을 얻기 위해 진위형, 선다형, 개방형 또는 에세이나 설문지를 제시한다. 결국 학생들이 함수에 관해 무엇을 이해하고 있는지를 판단할 때 샘플이 가치 있는 정보를 제공한다는 것은 중요하다.

지금까지 핵심 아이디어 5개와 이들 각각에 대해 학생들이 이해하기를 기대하는 것에 대해 구체화한 필수 이해에 초점을 두어 왔다. 특히 학생들이 (1) 다른 수학적 대상과 함수를 구분하는 것, (2) 다양한 종류의 함수에 따라 변화율이 어떤 특징이 있는지, (3) 함수를 실세계 현상을 모델링을 할 때 유용한 고유한 특성을 지닌 함수족으로 어떻게 분류할 수 있는지, (4) 함수를 결합 또는 변환하여 새로운 함수를 어떻게 만들 수 있는지, (5) 함수를 관계와 변화를 조사할 수 있는 다양한 방법으로 어떻게 표현할 수 있는지 이해하기를 기대한다. 이 절에서는 이러한 핵심 아이디어에 대한 학생들의 이해를 평가하는 데 도움이 되는 평가 문항을 개발하기 위한 도구를 제공한다.

일차 함수와 이차 함수를 이해하고 있는지에 관한 정보를 모으기 위해 일반적으로 다음과 같은 문제가 제시된다. 그러나 이러한 문제는 앞에서 논의한 핵심 아이디어와 필수 이해를 평가하기 어렵다.

> 두 점 (0, 3)과 (2, 7)을 지나는 직선의 방정식을 구하여라.
> 이차 함수 $y=3(x-1)^2+5$의 꼭짓점을 구하고, 그래프가 위로 오목인지 아래로 오목인지를 말하여라.

학생들이 위와 같은 과제를 성공적으로 해결하는 것도 중요하지만 5개의 핵심 아이디어를 유창하게 연결하는 능력을 개발하여 전형적인 과제를 뛰어넘게 하는 것도 중요하다. 학생들은 함수와 함수의 특징에 대한 다양한 해석, 실세계 현상을 표현하기 위한 다양한 방법들을 유창하게 연결하는 능력을 개발할 필요가 있다. 이러한 것을 평가하려면 학생들이 그러한 유창성을 보여줄 수 있는 문항을 개발할 필요가 있다. 이러한 문항을 개발하기 위한 두 가지 방법을 제시하고 함수의 다양한 측면에 초점을 둔 학생들의 반응을 평가하기 위한 제안을 한다.

1) 문제 확장하기

교사들이 학생들의 이해에 관한 정보를 얻기 위해 사용할 수 있는 방법 중의 하나는 주어진 문제를 확장하여 그 문제를 뛰어넘어 생각하도록 하는 문제를 제기하는 것이다. 예를 들어, 수열 $x=1, 2, 3, 4, \cdots$와 주어진 도형의 둘레와 넓이를 구하는 [생각해보기 2.2]의 문제를 생각해보자. 구하는 식은 $P=4x$, $A=x^2$이다. 실세계의 관점에서 보면 다소 의미가 없지만 다음의 관계를 생각하면 흥미로운 탐구가 일어날 수 있다.

둘레와 넓이가 같을 때 x의 값은 어떻게 되는가?

문제를 확장하여 [그림 3.3]과 같이 1×2 직사각형들에 대해 생각해보자. [생각해보기 3.5]에서 다양한 도형에 대해 x와 둘레, 넓이 사이의 관계를 조사해보자.

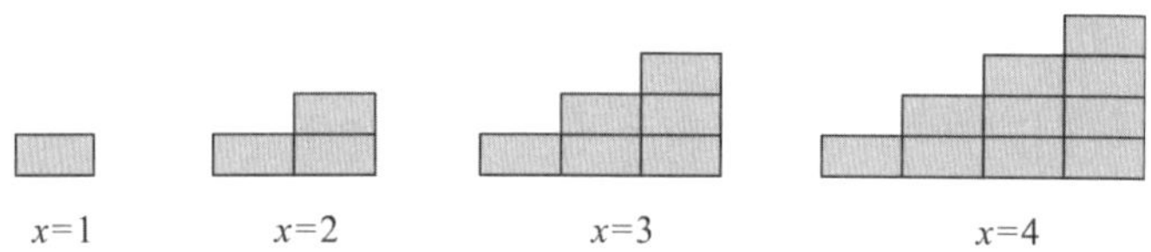

[그림 3.3] 1×2 직사각형들로 구성된 모양의 수열

생각해보기 3.5

x와 도형의 둘레 사이의 관계를 표, 그래프, 식으로 나타내어라.
x와 도형의 넓이 사이의 관계를 표, 그래프, 식으로 나타내어라.
둘레와 넓이가 같게 되는 x가 존재하는가?

위에서 관계는 어떻게 변하는가? 직사각형이 1×2가 아니라 1×3이라고 가정해보자. 관계는 어떻게 변하는가? 직사각형의 크기에 관계없이 둘레와 넓이가 같게 되는 x는 항상 존재하는가? 이러한 문제에 대한 탐구는 둘레와 넓이 사이의 관계는 물론 직사각형의 크기가 달라짐에 따라 관계가 어떻게 변하는지를 생각하게 하는 맥락을 제공한다.

[생각해보기 2.2]에서 도형이 2×2 또는 3×3일 때 그리고 단위 정사각형이 아닐 때 관계가 변하는지를 묻는 문제도 이러

한 문제와 관련이 된다. 식으로 표현된 관계에서도 마찬가지인가? 둘레와 넓이가 같을 때의 x의 값은 정사각형이 단위 정사각형이 아니라면 달라지는가? 이러한 확장된 문제는 학생들이 둘레와 넓이에 대한 이해를 상황이 점점 복잡해짐에 따라 함수로 해석하고 재해석할 수 있는 능력을 입증할 기회를 제공한다. 예를 들어, 직사각형이 구체적인 수치가 아닌 $l \times w$라면 관계는 어떻게 될까?

[그림 3.4]의 문제는 종종 "최대 상자" 문제로 확장될 수 있다. 상자의 부피는 식 $V = x(20-2x)^2$으로 나타낼 수 있고 최대 부피는 $x = 3\frac{1}{3}\text{cm}$일 때 $592\frac{16}{27}\text{cm}^3$임을 확인하는 것은 독자에게 맡긴다. 이런 관계를 그래프로 나타내면 [그림 3.5]와 같다.

한 변의 길이가 20cm인 정사각형의 네 모서리를 한 변의 길이가 x인 정사각형으로 잘라낸 후 접어서 (뚜껑이 열린) 상자를 만든다고 가정하자. 부피가 최대일 때의 x의 값과 그때의 부피를 구하여라.

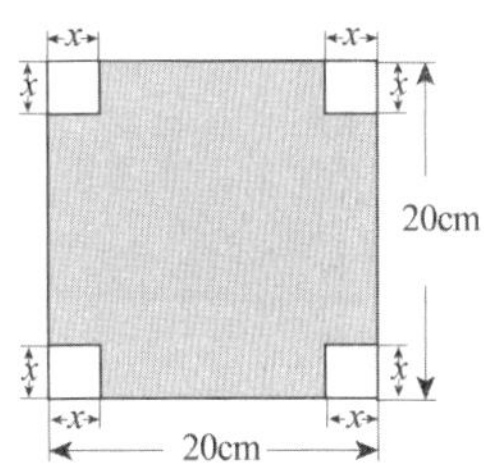

[그림 3.4] "최대 상자" 문제

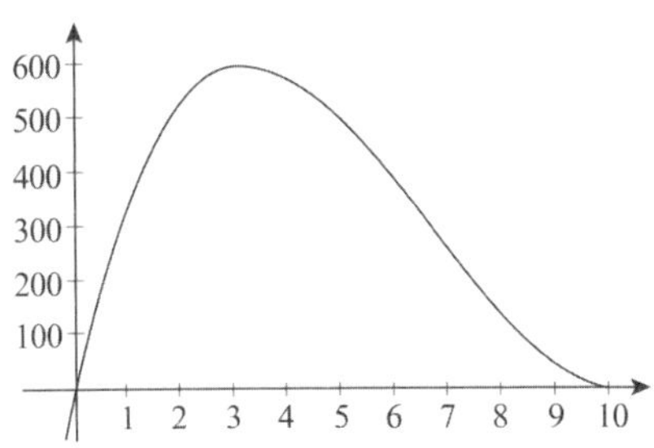

[그림 3.5] "최대 상자" 문제에서 가능한 부피의 그래프

위의 최대 상자 문제에서 뚜껑이 없는 상자의 겉넓이는 20×20에서 $4x^2$만큼 뺀 것이다. 상자의 옆넓이가 증가하도록 $4x^2$을 재분배한다고 가정하자(예를 들어 상자가 녹여서 다시

만들 수 있는 금속으로 만들어졌다고 상상하여라). 이 경우 상자의 각 옆넓이는 x^2만큼씩 증가할 것이다. 즉, 상자의 옆넓이는 모서리를 잘라내기 전의 겉넓이인 400cm^2가 될 것이다. 이렇게 문제를 확장한다는 관점에서 [생각해보기 3.6]을 살펴보자.

생각해보기 3.6

상자의 겉넓이가 일정하다(400cm^2)는 가정하에 x와 뚜껑 없는 상자의 부피 사이의 관계를 식, 표, 그래프로 나타내어라.
상자의 부피가 최대가 될 때 x의 값은?
이 때 값은 처음 문제에서 상자의 부피가 최대일 때의 x의 값과 같은가?

2) 문제 뒤집기

학생들의 이해를 평가하기 위한 문항을 만드는 다른 방법은 문제를 "뒤집는" 것이다. 예를 들어, 학생들에게 주어진 식의 그래프를 그리도록 하는 대신 주어진 그래프에 알맞은 식을 구하라고 요구하는 것이다. 또한 학생들에게 방정식을 풀게 하는 대신 주어진 해를 갖는 방정식을 만들라고 요구하는 것도 문제 뒤집기이다. 일반적으로 $y=x^2$, $y=x^2-3$, $y=(x+3)^2$ 같은 식의 그래프를 그릴 것을 요구하면 학생들은 매개변수의 변화가 그래프에 어떤 영향을 주는지를 이해하게 된다. [생각해보기 3.7]에 제시된 문제는 주어진 함수식의 그래프를 그리는 문제를 뒤집은 것이다.

생각해보기 3.7

다음 그래프는 함수 $y=f(x)$의 그래프이다.

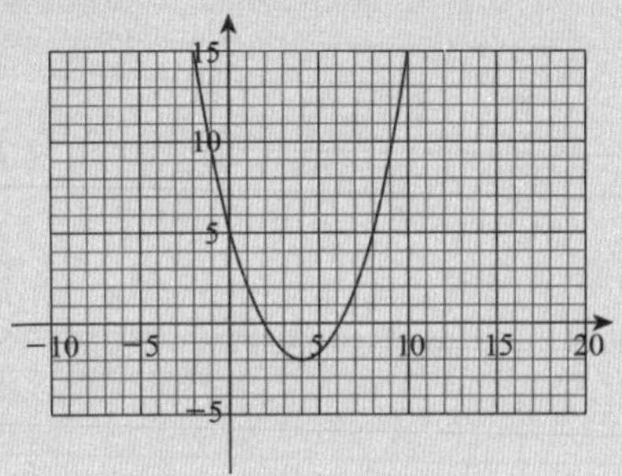

다음 6개의 식 중에서 아래에 있는 4개의 그래프와 같은 것을 찾고, 각 그래프를 선택한 이유를 설명하여라.

$$y=f(x+3) \qquad y=f(x)+3 \qquad y=3f(x)$$
$$y=f(x)-3 \qquad y=f(x-3) \qquad y=f(3x)$$

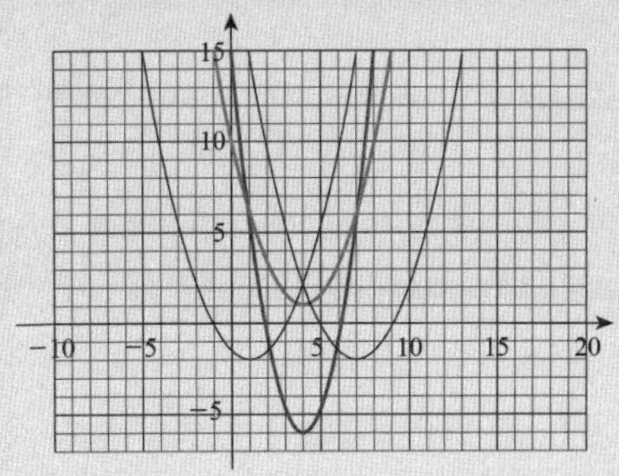

위의 문제는 학생들이 함수의 기하적 표현과 대수적 표현 사이를 상호 번역하는 능력을 입증할 수 있는 기회를 제공한다. 특히 학생들은 이 문제를 해결할 때 스칼라 배 또는 평행이동과 같은 다양한 변환 사이의 관계를 이용하게 된다. 그 결과 이 문제를 이용하여 적어도 핵심 아이디어 4와 5의 몇 가지 측면에 대한 학생들의 이해를 평가할 수 있다.

모든 등차수열을 일차 함수(정의역이 양의 정수)로 볼 수 있다는 것을 이용하여 문제 "뒤집기"의 예를 만들 수 있다. 이러한 문제 "뒤집기"의 예가 [생각해보기 3.8]에 제시되어 있으며 이 문제는 몇 가지 필수 이해와 관련된다.

> Big idea
>
> **핵심 아이디어 4 : 함수의 결합과 변환**
> 사칙연산(합, 차, 곱, 몫)과 합성을 이용하여 함수를 결합할 수 있다. 또한 존재하는 경우 역함수를 구할 수도 있다. 어떤 함수로부터 변환된 것인가의 관점에서 함수를 분석할 수 있다.

> Big idea
>
> **핵심 아이디어 5 : 함수의 다양한 표현**
> 함수를 식, 그래프, 언어, 표 등 다양한 방법으로 표현할 수 있다. 이러한 다양한 표현 사이의 연결은 관계와 변화를 탐구할 때 매우 중요하다.

생각해보기 3.8

정의역이 양의 정수일 때 등차수열이 아닌 일차 함수를 만들 수 있는가? 그렇다면 그런 일차 함수를 제시하고 그렇지 않다면 이유를 설명하여라.

한 종류의 이해와 다른 종류의 이해 사이에 상호작용이 가능한지를 입증하기 위해서 이 절에서 제안한 종류의 문제는 학생들에게 어려울 수 있다. 그러한 유창성은 학생들이 이 책에서 강조한 핵심 아이디어와 필수 이해를 이해하는 데 필수 불가결한 요소이다.

05 결과 평가

예-아니오, 참-거짓 유형의 질문이 아니라면 질문에 대한 학생들의 응답을 해석하기 위한 여지는 항상 존재한다. 여기서 평가의 틀과 그 틀의 활용에 대해 논의하지는 않겠지만, 이분법(맞았다, 틀렸다) 관점을 벗어나 학생들의 이해에 주의를 기울이고 평가하는 것의 중요성은 강조하고 싶다. 일반적으로 이분법이 아닌 질문에 대한 학생들의 반응은 모두 틀림, 일부는 옳지만 대체로 틀림, 대부분 옳지만 틀린 것도 있음(설명을 포함하여), 설명이 분명하고 옳음으로 구분할 수 있다. 이러한 일반적인 관점에서 다음과 같은 4점 루브릭을 제안한다(Cooney et al., 2002 참조).

0 : 적절한 수학적 추론이 없음
1 : 일부 수학적 추론이 있지만 주요 수학적 아이디어를 기술하지 못함
2 : 본질적이고 적절한 추론이 있지만 사소한 오류가 있음
3 : 반응이 옳고 기본적인 추론과정이 적절하고 명확함

[그림 3.6]에 제시된 함수의 합성에 관한 문제(Cooney et

al., 2002 참조)에 대한 학생들의 실제 반응을 보자.

$f(g(x)) = g(f(x))$ 를 만족하는 서로 다른 두 함수 f와 g를 제시하여라. 또한 이 두 함수가 조건을 만족하는 이유를 설명하여라.

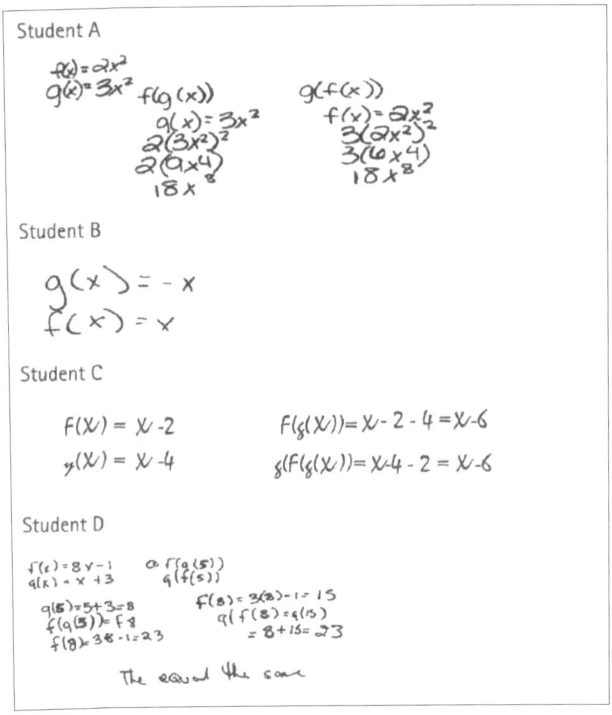

[그림 3.6] $f(g(x)) = g(f(x))$를 만족하는 서로 다른 두 함수 f와 g를 구하는 학생들의 반응

위 4명의 학생들은 문제의 어떤 측면을 이해하거나 또는 이해하지 못한 것으로 보이는가? 학생 A는 함수의 합성에 관하여 몇 가지 아이디어가 있지만 두 함수를 옳게 합성하지 못했다. 학생 B는 조건을 만족하는 두 함수를 제시했지만 설명이 없다. 학생 C는 함수의 합성을 다소 이해하고 있지만 $f(x)$와 $g(x)$ 사이에 혼란을 겪고 있다. 학생 D는 함수의 합성을 어떤 수를 구하는 문제로 생각하는 것 같다. 이러한 오류는 학생들의 함수 개념에서 지적했듯이 흔히 발생하는 오류이다. 이런 학생들의 반응을 앞에서 제안한 4점 루브릭에 따르면 여러분은 어떻게 평

가할 것인가? [생각해보기 3.9]를 참고하자.

생각해보기 3.9

0−1−2−3 루브릭을 이용하여 [그림 3.8]에서의 학생들의 반응을 평가하고 점수를 배정한 이유를 설명하여라.
이 문제가 어떤 핵심 아이디어를 가장 잘 평가한다고 생각하는가? 학생들의 사고를 더 잘 이해하기 위한 후속 질문은 무엇인가?

[생각해보기 3.3]에 대한 학생들의 반응인 [그림 3.2]로 되돌아가 생각해보자. 학생들의 반응의 관점에서 [생각해보기 3.10]에 제기된 질문을 생각해보아라.

생각해보기 3.10

0−1−2−3 루브릭을 이용하여 [생각해보기 3.3]에 대한 [그림 3.2]에서의 학생들의 반응을 평가하고 점수를 배정한 이유를 설명하여라.
이 문제가 어떤 핵심 아이디어를 가장 잘 평가한다고 생각하는가? 학생들의 사고를 더 잘 이해하기 위한 후속 질문은 무엇인가?

본 절에서는 함수에 대한 학생들의 이해를 평가할 수 있는 다양한 방법을 논의했다. 이 책의 앞에서 제시한 생각해보기 문제 중에는 핵심 아이디어와 필수 이해에 관한 학생들의 지식을 평가하는 데 이용할 수 있고, 또 수정하여 이용할 수 있는 과제들이 있다. 이 책 전반에 걸쳐 제기된 생각해보기 문제처럼 대부분의 효과적인 평가 과제는 한 가지 이상의 핵심 아이디어와 관련이 있음에 주목하자.

함수의 핵심 아이디어에 대한 학생들의 이해를 평가하는 것은 적어도 두 가지 측면에서 중요하다. 첫째, 학생들에게 그 이해를 입증할 기회를 제공한다. 그러한 이해를 요구하는 질문이 없으면 학생들이 함수에 관한 필수 이해를 어느 정도 이해하고 있는지 알 수가 없다. 둘째, 학생들의 이해 수준에서 피드백 해 주는 것은 매우 중요하다. 피드백 방법 중의 하나는 완전하고 정확한 설명이 무엇을 의미하는지 알게 하기 위해 학생들에게 수준 3의 답안의 예시를 보여주는 것이다. 학생들은 자신들이 가진 함수 개념을 발전시키기 위해 무엇을 해야 할 것인지를 알 필요가 있다.

참고문헌

Boaler, Jo. "Participation, Knowledge, and Beliefs: A Community Perspective on Mathematical Learning." *Educational Studies in Mathematics* 40 (December 1999): 259–81.

Breidenbach, Daniel, Ed Dubinsky, Julie Hawks, and Devilyna Nichols. "Development of the Process Conception of Function." *Educational Studies in Mathematics* 23 (June 1992): 247–85.

Carlson, Marilyn, and Michael Oehrtman. "Key Aspects of Knowing and Learning the Concept of Function." *MAA Online*, March 15, 2005, http://www.maa.org/t_and_l/sampler/rs_9.html.

Confrey, Jere, and Erick Smith. "Exponential Functions, Rate of Change, and the Multiplicative Unit." *Educational Studies in Mathematics* 26 (March 1994): 135–64.

———. "Splitting, Covariation, and Their Role in the Development of Exponential Functions." *Journal for Research in Mathematics Education* 26 (January 1995): 66–86.

Cooney, Thomas, Stephen I. Brown, John A. Dossey, Georg Schrage, and Erich Ch. Wittmann. *Mathematics, Pedagogy, and Secondary Teacher Education*. Portsmouth, N.H.: Heinemann, 1996.

Cooney, Thomas, Wendy B. Sanchez, Keith Leatham, and Denise S. Mewborn. *Open-Ended Assessment in Math: A Searchable Collection of 450+ Questions*. Portsmouth, N.H.: Heinemann, 2002. www.heinemann.com/math.

Edwards, C. Henry, and David E. Penney. *Calculus: Early Transcendentals, Matrix Version*. 6th ed. Upper Saddle River, N.J.: Prentice Hall, 2002.

Even, Ruhama. "Subject Matter Knowledge for Teaching and the Case of Functions." *Educational Studies in Mathematics* 21 (December 1990): 521–44.

Fernandez, Eileen. "Understanding Functions without Using the Vertical Line Test." *Mathematics Teacher* 99 (September 2005): 96–100.

Freudenthal, Hans. *Didactical Phenomenology of Mathematical Structures*. Dordrecht, The Netherlands: D. Reidel, 1983.

Heid, M. Kathleen, Jonathan Choate, Charleen Sheets, and Rose Mary Zbiek. *Algebra in a Technological World*. Reston, Va.: National Council of Teachers of Mathematics, 1995.

Heid, M. Kathleen, Rose Mary Zbiek, and Glendon W. Blume. "Mathematical Foundations for a Functions-Based Approach to Algebra." In *Perspectives on Teaching Mathematics*, 2004 Yearbook of the National Council of Teachers of Mathematics (NCTM), edited by Rheta N. Rubenstein, pp. 42–55. Reston, Va.: NCTM, 2004.

Hill, Richard. "What (Future) High School Math Teachers Need to Know about Trigonometry." http://www.math.msu.edu/~hill/TeachersTrig.pdf.

Holliday, Berchie, Gilbert J. Cuevas, Beatrice Moore-Harris, John A. Carter, Daniel Marks, Ruth M. Casey, Roger Day, and Linda M. Hayek. *Algebra 1*. New York: Glencoe/McGraw Hill, 2005.

Hughes-Hallet, Deborah, Andrew M. Gleason, and Daniel E. Flath. *Calculus*. Hoboken, N.J.: John Wiley and Sons, 1994.

Interactive Mathematics Program. *The World of Functions*. Teacher's Guide, Year 4. Emeryville, Calif.: Key Curriculum Press, 2000.

Janvier, Claude. "The Interpretation of Complex Cartesian Graphs Representing Situations—Studies and Teaching Experiences." Ph.D. diss., University of Nottingham, 1978.

Kaput, James J. "Linking Representations in the Symbol System of Algebra." In *Research Issues in the Learning and Teaching of Algebra*, edited by Sigrid Wagner and Carolyn Kieran, pp. 167–94, vol. 4, Research Agenda for Mathematics Education. Reston, Va.: National Council of Teachers of Mathematics, 1989.

Klein, Felix. *Elementary Mathematics from an Advanced Standpoint*. New York: Dover, 1945.

Leinhardt, Gaea, Orit Zaslavsky, and Mary Kay Stein. "Functions, Graphs, and Graphing: Tasks, Learning, and Teaching." *Review of Educational Research* 60 (Spring 1990): 1–64.

Lloyd, Gwendolyn M., and Melvin (Skip) Wilson. "Using a Card Sort to Determine One's Understanding of Function." In *Lessons Learned from Research*, edited by Judith Sowder and Bonnie Schappelle, pp. 209–12. Reston, Va.: National Council of Teachers of Mathematics, 2002.

National Council of Teachers of Mathematics (NCTM). *Curriculum and Evaluation Standards for School Mathematics*. Reston, Va.: NCTM, 1989.

———. *Principles and Standards for School Mathematics*. Reston, Va.: NCTM, 2000.

———. *Curriculum Focal Points for Prekindergarten through Grade 8 Mathematics: A Quest for Coherence*. Reston, Va.: NCTM, 2006.

———. *Focus in High School Mathematics: Reasoning and Sense Making*. Reston, Va.: NCTM, 2009.

Saxon, John H. *Advanced Mathematics: An Incremental Approach*. 2nd ed. Norman, Okla.: Saxon, 2003.

Silverman, Joseph A. *A Friendly Introduction to Number Theory*. Upper Saddle River, N.J.: Prentice Hall, 1997.

Smith, Erick. "Stasis and Change: Integrating Patterns, Functions, and Algebra throughout the K–12 Curriculum." In *A Research Companion to "Principles and Standards for School Mathematics,"* edited by Jeremy Kilpatrick, W. Gary Martin, and Deborah

Schifter, pp. 136–50. Reston, Va.: National Council of Teachers of Mathematics, 2003.

Thompson, Patrick W. "Students, Functions, and the Undergraduate Curriculum." In *Research in Collegiate Mathematics Education*, edited by Ed Dubinsky, Alan H. Schoenfeld, and Jim Kaput, pp. 21-44, vol. 4, CBMS Issues in Mathematics Education. Providence, R.I.: American Mathematical Society, 1994.

Usiskin, Zalman, Anthony L. Peressini, Elena Marchisotto, and Dick Stanley. *Mathematics for High School Teachers: An Advanced Perspective*. Upper Saddle River, N.J.: Pearson Education, 2003.

조완영

•한국교원대학교 대학원 수학교육학 박사
•현 충북대학교 교수

권나영

•University of Georgia 수학교육학 박사
•현 인하대학교 교수

이동흔

•한양대학교 다문화교육학과(수학교육전공) 박사학위과정
•현 (사) 전국수학교사모임 회장
•현 하이퍼 메타인지연구소 소장

수학교사를 위한 지침서 05

함수의 필수 이해

2017년 01월 20일 초판 인쇄
2017년 01월 25일 초판 발행

저 자 Tomas J. Cooney, Sybilla Beckmann Gwendolyn M. Lloyd
역 자 조완영 · 권나영 · 이동흔 옮김
발행자 오판근
발행처 (주) 교 우

주 소 서울특별시 동대문구 약령시로 8 교우빌딩 2층
전 화 925-2861~2, 편집부 / 925-2825, 홈쇼핑 / 969-5762
팩 스 925-2860

E-mail kyowoo@kyowoo.co.kr
홈페이지 http://www.kyowoo.co.kr
북스토어(쇼핑몰) http://www.kyowoo.co.kr

등 록 1994. 3. 24 제1994-000013호

ISBN 979-11-251-0172-7(94410)
979-11-251-0167-3(세 트)

값 10,000원